弱った親と自分を守る お金とおトク◎サービス超入門

知っトク介護

第2版

超入門

メイプル超合金 安藤

惠子 介護・暮らし ジャーナリスト

JN055072

KADOKAWA

介護に興味を持つ
きっかけになるような
お手伝いをしていきたい

安藤なつ

　わたしは小学校1年生のとき伯父が運営する施設で介護の世界と出会い、中学生からは遊びの延長線でしたが手伝いをはじめるようになりました。高校卒業後は、芸人として活動しながら介護の仕事も続け、ホームヘルパー2級（※）の資格を取得。昼勤務はお笑いの仕事がしにくくなるため夜を中心に勤務したのですが、これがなかなかハードな日々でした。しかも芸人としてはなかなか売れず……、この生活は「M-1グランプリ」の決勝前日まで続いたのです。

　M-1グランプリのファイナリストになったことを機に、介護現場から離れることにしました。でも、それは介護の仕事を辞めたかったからではありません。結果は7位でしたが、それでも翌日から猛烈に忙しくなり、物理的に時間がなくなったからです。ただ、個人の仕事も増える中でこれまでの経験をお話しすることがあり、介護に関連するお仕事もいただけるようになりました。これをきっかけに、**介護業界の"広報"のような役割ができたらと思うようになったのです。**

　そして本書の初版を出版した頃から目に見えて介護に関するお仕事が増え、自分でも介護業界を盛り上げたいという気持ちがカタチになりはじめている手ごたえを感じるようになりました。しかし、その一方で、もう少し知識があったらと思うこともあったのです。

※現・介護職員初任者研修

そんなとき、取材で出会った会社が介護福祉士資格の受験要件のひとつ「実務者研修」を行っていると聞き、迷わず受講を決意！現場ではあまり必要としない法律や制度についての分野もあり、すき間時間を使って過去問題をひたすら解くなど大変なこともありました。でも、これまで現場で経験してきたことを知識として学ぶのは、まるで答え合わせをしているようでとても楽しい時間でした。勉強をするなかで感じたのは、**介護する側が自分の価値観やタイミング、力加減で介助をするのではなく、根拠に基づいた知識や技術を学んだうえで行うのがプロの介護だということです。これが介護の"質"**ということなのでしょう。

　介護は家族でと考える人もまだまだ多いようですが、介護職は知識と技術を学んだうえで介助をしています。プロであり、第三者だから冷静に対応できることも多いです。たとえば、**私も家族に介護が必要になったらプロの手を借りたいと考えています。**というのは、家族という感情の距離感、家庭という閉ざされた空間のなか、平常心で介護をするのは難しいと思うからです。**感情を切り離して接してくれるプロがいることで、気持ちをリセットすることができ、時間に余裕が持てます。**空気がよどんでいた家の中に風が通り、お互いが優しい気持ちを取り戻せるのではないでしょうか。そのためにも、介護保険制度に対する基本的な知識を持っておくことは大切です。

　最近は、介護事業を行う会社の入社式で挨拶をしたり、医療法人が主催する介護関連イベントのトークショーに参加するといったお仕事もいただくようになりました。わたしが、さまざまなところで介護についてお話をすることで、興味を持ったり、体験してみようと思ってくれる人が増えたらいいなと思っています。

10人に1人が80歳以上の時代
気合と根性ではなく、
マネジメント上手になりましょう

太田差惠子

　初版が出て2年と5か月が経過しました。大勢の方に手に取っていただき、第2版を出版することができました。制度や数字をアップデートし、入院から退院・介護への流れ、日常的なお金の管理サービス、マイナ保険証のことなどの情報も新たに加えています。

　この間も、少子高齢化は歩みを止めません。2023年9月には総人口に占める高齢者人口の割合は29.1%と過去最高となりました。日本の高齢者人口の割合は、世界で最高（200の国・地域中）とのことです。なんと、**10人に1人が80歳以上!**　"長生き"できることはよいことですが、**ささえられる側の比率が高まることで、社会保障費は増大し、介護保険料も右肩上がりの状況**です。それでも、介護職の報酬は十分とはいえず、業界の人手不足によるサービス低下や労働環境の悪化による離職率の上昇、経営状態の悪化が危惧されています。

　家族間においてもさまざまな問題が浮上しています。最近も、「親の介護のために、とうとう離職した」とうなだれる女性、「故郷で暮らす90代の親は元気。でも、僕がガンになってしまった。親の介護をしてやれない」と目に涙を浮かべる男性に会いました。新聞やテレ

ビでは、介護疲れや将来への絶望などが原因とされる親族間での殺人や無理心中事件の報道も見かけます。と、悲観的なことを並べてしまいました。脅すわけではありませんが、自分から行動しないでじっとしていると、こうした問題や悲しい事件に直面する率が上がる可能性があります。**ある程度の情報を入手すれば、離職はしない、自分が病気になっても何とかなる、と思えるはずです。**もちろん、悲しい事件にも至りません。

　課題は山積みではありますが、日本には公的介護保険をはじめとして、多くの制度やサービスが存在します。イチイチ分かりづらいことが玉にキズではありますが、これらは結構使えます！　それに、技術の進歩により、少しずつ介護ロボットなども登場しています。何より、こちらから質問すれば、ケアマネジャーや安藤なつさんが資格取得された**介護福祉士などの介護のプロがサポートしてくれます。医師も味方になってくれるでしょう。**

　親の介護を"親をささえるプロジェクト"と前向きに捉えてみませんか。然るべきタイミングで適切なサービスや制度を使えば、きっと道は開けます！　親の希望を聞きビジョンを描く。そのための予算を組んで、情報を集め、役割分担をする。気合と根性論ではなく、ある程度合理的に、マネジメント上手になりましょう！

　アナタの親は、自身の介護のためにアナタが疲弊することなど望んでいないはずです。**親もアナタも笑顔でいられるように、1歩1歩行動を。**可能な限りわかりやすく解説します。どうか、目次や索引を見て、必要そうなところから読み進めてください！

Contents

1章　アナタの人生を守るための介護のカタチを考えてみた

2 章 おトクな制度を見逃さない 介護保険、基本のキ

Contents

3 章 子どもの時間を守る 在宅の 介護サービスは?

Contents

5章　損をしないために これだけは知っておく、介護のお金

Contents

6章
離れて暮らす親をサポートする体制作り

Contents

本書の情報は 2024 年 6 月現在のものです。
法令や条例等の改正などにより、
内容が変更になる場合があります。

装丁／井上新八
本文デザイン／横井登紀子、 金谷理恵子
イラスト／ docco
校正／麦秋アートセンター
編集協力／回遊舎
（酒井富士子、 尾崎寿子、 白石悠）、
鈴木弥生
編集担当／大矢麻利子 （KADOKAWA）

1章

アナタの人生を
守るための介護の
カタチを考えてみた

介護はライフステージのひとつ

子どもの「お金」と「時間」は別に確保しよう!

CHECK!

☑ 親も子どもも100歳くらいまで生きると想定する

☑ 親の介護は親のお金で

 自分の子どもが成人して一段落ついたとほっとした頃、親の様子がなんとなくおかしい、という人が多くなりますよね。

 そうなんです。子育ての手が離れた頃に、親から「ちょっと転んだ」「腰が痛い」など、ちょくちょく呼ばれることが増えてきます。何でも、「はいはい」と聞いてしまうと、子ども自身の身がもたないですよ。

 でも、今まで育ててくれた親には、できる限りのことはしてあげたいと思うのは当然な気もしますが……。

 いえいえ、そこでいいかっこうをするのは、禁物です。たとえば、自宅から実家まで、片道1時間とします。毎週実家に通ったら往復で2時間、1年に換算すると、100時間以上です。もし、子どもが50歳、親が80歳だとすると、"人生100年時代"といいますが、**105歳まで生きるケースを想定**すれば、これがあと25年は続くんですよ。

 ええええ!!!　25年も。しかも25年後、子どもは75歳だ。とても体がもちませんね。

 交通費だって片道1000円なら往復2000円。1年で約10万円。25年で250万円ですよ。

■ 「親のため」だけは禁物！ 自分の「老後」と親の「介護」は重なる

| 就職 | 結婚 | 出産 | 子どもが
小学校入学 | 子どもが
成年 | 定年後も介護は続く。そして親も
アナタも105歳まで生きることに
なるかもしれません |

| アナタ | 20代 | 30代 | 40代 | 50代 | 60代 | 70代 |
| 親 | 50代 | 60代 | 70代 | 80代 | 90代 | 100代 |

出産・育児 → 晩婚化・晩産化

親の介護

出典：「ICTの進化がもたらす社会へのインパクトに関する調査研究」総務省2014年

 250万円って……**新車1台分より高いじゃないですか!!!**
バカにならないですね……。

 それに、子どもだって、105歳まで生きるかもしれないんです。その老後資金の250万円が、親のための交通費に飛んでしまうんですよ。**子どもが老後破綻になる**ことだってなくはないです。

 まさに、親子共倒れ……。

 介護は「就職」「結婚」「出産」と同じライフステージのひとつと考えて、親には、**お金も気持ちも自立してもらって子どもはドライに割り切ることが大切**なんです。

 ライフステージのひとつ。考えたこともなかった。でもやっぱり親のことを見捨てるなんてできない……。

 そこで、上手に活用したいのが「介護保険サービス」や「自治体が独自に行うサービス」です。美味しいご飯が食べたいならレストランに行くように、プロのヘルパーさんや、地域のボランティアサービスをどしどし利用しましょう。親の介護をきっちりサポートしてくれます。

 なるほど！ 親の介護は、親のお金でプロのサービスを使い倒すってことですね。太田さん！ 詳しく教えてください。

介護はひとつのプロジェクト 子どもの役割は「司令塔」

- ☑ 周りを巻き込んだ介護の体制作りをする
- ☑ 家族ができない介護はプロに任せる
- ☑ 親の状況を知る。「できること」「できないこと」の確認

 親の介護って、やっぱり子どもが全面的にやらなければいけないって思ってしまうのですが。離れて暮らしていると難しいような。

 親に介護が必要になったら、介護の体制作りをまず考えます。**介護を「ひとつのプロジェクト」**と考え、サポートできる人たちをそのメンバーと考えます。

 「ひとつのプロジェクト」ですね。みんなが親の介護というプロジェクトのために一致団結するってことですね！

 参加するメンバーには、まずは、**介護の中心を担う「主たる介護者」**がいます。通常、両親がそろっていれば、元気なほうの親が担当し、主な役割としては、身体的なケアや精神的なケアを担います。

 元気なほうの親か…。でも介護する親も高齢だとなかなか大変ですよね。

 もちろん、すべてを1人ではやりきれません。**できない部分を子どもがサポートしたり、プロの手を借りたりなど、**みんなで役割を分担していくのです。この人たちもプロジェクトのメンバーなのです。最近は1人暮らしで、主たる介護者が不在のケースも増えています。そんなとき、重要な役割を担うのが**「キーパーソン」**です。

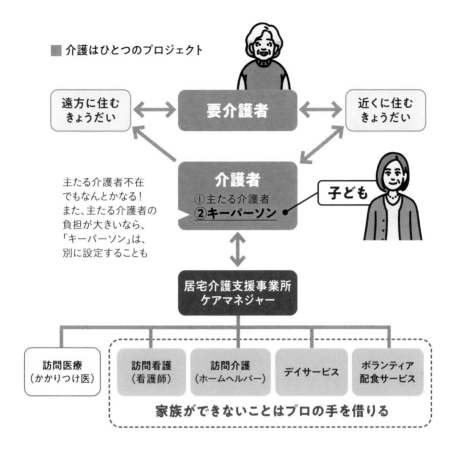

■ 介護はひとつのプロジェクト

要介護者

遠方に住む
きょうだい

近くに住む
きょうだい

介護者
①主たる介護者
②キーパーソン

子ども

主たる介護者不在
でもなんとかなる！
また、主たる介護者の
負担が大きいなら、
「キーパーソン」は、
別に設定することも

居宅介護支援事業所
ケアマネジャー

訪問医療
（かかりつけ医）

訪問看護
（看護師）

訪問介護
（ホームヘルパー）

デイサービス

ボランティア
配食サービス

家族ができないことはプロの手を借りる

 「キーパーソン」って何ですか？　なんだか重要そうな響き……。

 キーパーソンの主な役割は、**外部との「調整・交渉・手続き」の窓口となり、家族間の意見の取りまとめをする人**です。たとえば、介護サービスを利用する場合、申し込みや契約などの手続きが必要になります。またサポートする家族が複数いる場合も、**外部との窓口は1つにしておかないと混乱するだけ。** こういった役割は、必ずしも身近に暮らしている人がベストとは限りません。**離れて暮らしている子どもでもできる役割**なのです。

 なるほど！　外部との交渉や調整は、普段仕事をしている子どものほうが向いていそうですね。

状況が変わったら介護体制は見直すこと

1、 老親の「できること・できないこと」の **状況把握**

↓

2、「できないこと」についての **支援、介護する代役** を探す

↓

3、 親に代わって、サービス・治療法などの **契約/決断 代行**

状況が変わるたびに繰り返すこと！

 親の介護で子どもがやるべきもう1つの役割として、親の介護を **「マネジメント」** していくことを提案します。

「マネジメント」とは？ タレントのマネージャーみたいですね。

 最初にお話しした通り、親も子どもも105歳まで生きる可能性があります。いつ終わるかわからない介護を息切れせずに、続けられるように、**環境を整えてあげる** ことが「マネジメント」の考え方です。

 環境を整える？ 確かにマネージャーは、タレントが仕事をしやすいように環境を整えてくれる存在ですね。介護でも、ヘルパーさんと一緒になって介護の現場に入り込むより、冷静な視点で介護がスムーズにいく環境を整えることが大切なのですね。

 まず、マネジメントの手始めとして、親は、何ができて何ができないのかを確認します。親ができないことを **自分がサポートできないなら、手を出さずに代役＝サービスや制度を探す** ようにしましょう。

 子どもが離れて暮らしていると、日々の身の回りのお世話のために通うわけにはいかないからサービスを使うことは必須ですね。

適切なサービスや制度を探すためには、情報収集が不可欠です。介護保険制度や便利なサービスは、この本で勉強していきましょう。

 介護保険制度って言われても難しそうで理解できる気がしない!
でも弱っている親より子どもが勉強して理解しておくべきですよね。

 その通り! たとえば、親の体調が思わしくなく、歩行が難しくなってきた、ということで相談が必要な場合、親は説明に手間取るでしょう。子どもが、代わりに状況を説明して、適切な手立てを段取りする必要があります。

親に代わって状況を理解して、**適切なサービスを受けられるように環境を整えていくことが「マネジメント」の役割**です。

 わかりました。難しいと嫌がらずに、理解するようにがんばります!

「親のこと」気づきメモを作ろう

親の異変を早く察知することもマネジメントのひとつ。「この前の電話でおかしかったな」と思った場合など、感じた異変の内容を日付と一緒に、メモしておくこと。きょうだいでグループLINEを作り、状況を報告し合うのも◎。おかしいと感じたら、病院の受診やサービス導入を検討しましょう。

■「親のこと」気づきメモ（書き方の例）

11月○日(木) 母親から「さみしい」との電話がかかってきた。泣いていた

11月○日(金) 母に電話すると、声は明るいが、やっぱり「さみしい」と言う

12月○日(月) 帰省すると、台所は汚れており、布団がしいたままだった（片づけられないのか?）

介護離職をどう防ぐ?

仕事を辞めずに 親の介護と向き合う

CHECK!

- ☑ 介護離職はアナタのお金も心も脅かす
- ☑ 働く人のための介護サポートを知る
- ☑ 介護休業は介護体制を整えるために利用する

 子どもがメインで親の介護をすることになると、やっぱり仕事は辞めなくちゃならないのでしょうか?　105歳まで生きることを考えると**私だったら、仕事と介護を一緒にやりたいです!**

 その考え方が正しいと私は思っています。みなさん、**仕事を辞めないと介護する時間がない!と考えがち**ですが、そんなことはありませんよ。

 そのためにサービスや制度のことを理解してどんどん活用するんですよね。

 そうです。辞めなくてもできる介護の方法はあります。それに、介護のためにと仕事を辞めてしまうと、子どもの収入はゼロになりますよね。たとえば、**年収450万円で働いていた人が、4年間介護の間を離職すると、1800万円の損失**ということになります。

 1800万円!　それは大きい!

 介護が終わったとしても、子ども自身の老後もすぐそこに見えていて、自分にも介護が必要になるときが来るかもしれません。

 そう考えると、急いで辞める決断をするのは、危険ですね。

■ 介護離職は絶対しない！

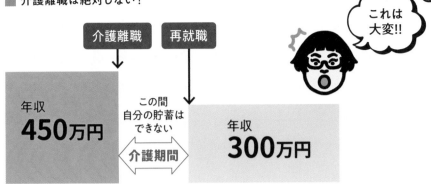

 介護のために仕事を辞めると、経済的な打撃があるということは想像つきますが、**実は「精神的」「肉体的」にもダメージがあるんです。**

 えっ！　介護に専念するから体力的には楽なのでは？

 介護を機に仕事を辞めた人の負担感のデータを見てみると、精神面では約66％、肉体面では約63％の人が、負担が増したと回答しています。だからこそ、**仕事と介護の両立を目指すことは大事**なんです。

 えええ!!　そんなに。　お金に困るのは想像できるけど、**心も体も負担が増えるなんて、意外**でした。

■ 介護離職した人の精神面・肉体面の変化

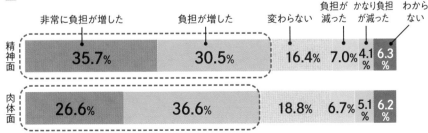

出典：令和3年度仕事と介護の両立等に関する実態把握のための調査研究事業報告書
（令和3年度厚生労働省委託調査）より

介護のために仕事を辞めると、えらいことになる！というのはわかりました。でも、介護のために休んだり、遅刻したりが増えると、**仕事でかかわる周りの人たちに迷惑をかけそうな気が……**。

はい。会社に迷惑をかけるからと、離職を決意する人もいるようです。でも、仕事をサボっているわけではないですから、まずは**上司に相談してみる**など、とにかく介護について**オープンにすることが大切**です。

介護って、ネガティブなイメージがあるから、人に言いにくい気がしますが、思い切ってオープンにすることが大切なんですね。

それに、日本では、**介護を理由に仕事を休めることが法律で定められている**んですよ。

■ **介護休業と介護休暇は誰が使える？**

	介護休業	介護休暇
利用できる人	要介護状態にある対象家族を介護する労働者	
日数	対象家族1人につき通算93日まで、3回を上限として分割可能	1年に5日まで（対象家族が2人以上の場合は10日まで）。1日または時間単位で取得可能
手続き	原則、2週間前までに書面で勤め先に申し出る	**当日の申し出でOK**
対象となる家族の範囲	配偶者（事実婚を含む）、父母、子、配偶者の父母、祖父母、兄弟姉妹、孫	
給与	**法律での定めなし**条件次第で介護休業給付金が支給される	**法律での定めなし**

法律で決まっているんですか! 知らなかった!

 絶対覚えておいて欲しい制度として、主に2つの制度があります。1つ目は**「介護休業制度」**。介護対象者1人につき、**通算93日までお休みする**ことができます。原則、2週間前までに書面などで勤務先に申請することで、使えるようになります。**93日連続で休むこともできるし、上限3回まで分けて使うこともできます。**

2つ目は**「介護休暇制度」**で、介護対象者が**1人なら、年5日、2人以上なら、年10日まで**取ることができます。介護休暇は、会社に「休ませてください!」と申し出れば使うことができ、時間単位で取ることもできます。

どちらも、パートやアルバイトも含め、日々雇用を除くほとんどのケースで使うことができます。

 介護で仕事を休める法律。 なんだか心強い!

 そうですよね。その法律は、「育児・介護休業法」として定められていて、**時短勤務や残業の免除、フレックスタイム制の導入**など、さまざまな働き方をしながら、仕事と介護を両立できるように、国も会社も応援しています。

その他介護で 仕事を 休める法律	● 時短勤務（1日6時間勤務など） ● フレックスタイム制 ● 時差出勤 ● 残業の免除　など……

使える
制度を見逃さ
ないで!

育児も介護も同じ法律で、仕事との両立を目指せるように決まっているなんて知らなかったです。

会社によっては、 法律以上に介護のための制度を充実させているところもあります。 一度、自分が働いている会社の制度を確認してみましょう。おトクな制度があるかもしれません。

たとえば、**会社の福利厚生で介護の補助金を出してくれるところ**や、**遠距離介護の交通費を補助**してくれるところもあります。

黙っていないで、会社に報告して、可能な限りおトクな情報を入手するようにしてください。

介護でお休みするのも、出産や育児でお休みすることみたいに普通になるといいですよね。でも、93日間の介護休業って、なんとなく、短いような気がしますが……。

確かに、とても93日で介護が終わるとは考えにくいです。でも、介護休業の本来の使い方は、「自分が介護をするための休暇」というわけではなく、**親の介護をマネジメントする期間に使う**ことが本来の目的です。

■ 介護休業を3回に分けて使うという方法も（例）

1ヵ月		1ヵ月		1ヵ月
介護サービスに慣れるまでの準備期間	**＋**	施設探しの期間	**＋**	看とり最期のとき…

合計 **93日間**

「マネジメント」！ 前に出てきたワードですね。たしか、**身の回りのお世話をすることではなく、適切なサービスを受けられるよう環境を整えていく**ことでした。

そうです！ 覚えてくれましたね！ たとえば、**93日のお休みを3回に分けて使える**のですから、1回目は、介護サービスに慣れるまで様子を見守るために使って、2回目は、施設介護を検討するときに一緒に施設探しをする。3回目は、看とりのとき、最期のときは、そばにいられるようにするなど、それぞれ1カ月間ずつ休むようにするなどの使い方もあります。

介護がはじまった！と慌てて、身の回りのお世話のために93日間がっつりお休みして、つきっきりで介護をしても、親の状態がよくなるわけではありません。**長期間の介護を続けられるように、体制を整えたり、適宜調整したりするときに使うほうが、有効な使い方だ**と思います。

介護休業の使い方でも、使い方を間違えるとせっかくのお休みが無駄になってしまうから、気をつけるようにしないと。はじめに理解しておくってやっぱり大切ですね。

将来的には「高齢者施設」への入居を視野に

CHECK!

☑ 要介護度が上がったら親は1人で暮らせない

☑ 親の安全のためにも高齢者施設への入居を考えておく

 親はやっぱり、最期まで自分の家で暮らしたい！と言うことが多いような気がしますが、**介護が必要になってきて、子どもが離れて暮らしていてもずっと家で暮らすことって現実的にできるものでしょうか?**

 「絶対にできる・できない」は、皆さんの事情によるので断言はできません。介護を行った場所を調査したデータによると(右ページ図)、要介護1は76.4%、要介護2は68.4%の人が、在宅での介護をしていますが、**要介護4だと41.5%、要介護5だと40.4%と在宅介護が少なくなって、半分以上の人が施設へ入居している**ようです。

 やっぱり、**介護の必要度合いが高くなってくると、自宅で介護をするのは難しくなる**んですね。

 1人で食事を取れないとか、火の始末ができないなどになると、**在宅での生活を続けることが厳しくなることもあります。** 親が安全に暮らしていくことを考えると、将来的には施設への入居は、視野に入れておくほうがよいと思います。

 もし**親が嫌がった場合は、説得するのは、なかなか大変**そうですね。

 親に嫌がられてしまうと、なんだか悪いことをしているような気分にな

■ 介護を行った場所は？（要介護度別）

	在宅	施設
要介護 1	**76.4%**	23.6%
要介護 2	**68.4%**	29.5%
要介護 3	54.9%	44.4%
要介護 4	41.5%	58.5%
要介護 5	40.4%	56.4%

出典：公益財団法人生命保険文化センター「令和3年度 生命保険に関する全国実態調査」

るのは当然です。でも、しつこいようですが、**親も子どもも105歳まで生きる可能性があることを忘れないで**ください。

親の介護に全力投球してやっと終わったところで、自分自身の老後は待ってはくれません。それなら、**親が安全に暮らせる施設を探して、快適に過ごせるようにサポートするほうが、子どもの人生を守る**ことができますし、より現実的なプランではないでしょうか。

そうですね。でもどんな施設があるのか、どこで探せばいいのか
まったくわかりません！

施設は、さまざまな種類があり、受けられるサービスもそれぞれです。P92からじっくり解説していくので、あとで、一緒に勉強していきましょう。まずは、**いつかは、高齢者施設への入居も検討しなくてはいけなくなることが多いと心に留めておいて**ください。

わかりました！ 親の施設探しのサポートを全力でできるように知識を備えるようにします。

1-5

安心して! 日本では**全員が医療も介護も公的保険に加入**

CHECK!

☑ 病気の費用は「医療保険制度」で負担減
☑ 介護の費用は「介護保険制度」で負担減

介護に関する心得みたいなものは、うっすらですが、形が見えてきたような気がします。ここで、「お金」について気になるので聞いてもいいですか? 身の回りのお世話は、介護サービスを使うということですが、お金ってどのくらいかかるものでしょうか?

サービスのことや、それにかかわる費用については P124 から解説していくので、ここでは、**ざっくり大枠のお話を**しますね。介護にかかわるサービスを使うためには、もちろんお金がかかります。でも、日本には、**「介護保険制度」**というのがあって、**介護サービスにかかる費用を補助**してくれます。これは、日本に住んでいる40歳以上の人のほぼ全員が使えます。

そうなんですか!

この制度を使うことで、実際にかかる費用の1割※負担すればOK。たとえば、1万円の介護サービスを使った場合、支払いは1000円で済みます。　※所得によって、2〜3割の場合あり

ええ──っ! てことは、**9000円もおトクになっちゃう**ってことですか!　おトク感半端ないっす。

もう1つ。これは、**「医療保険制度」**についても、説明させてください。

高齢になると、当然ながら、病気などで、病院にかかる頻度も高まりますよね。病院にかかったときに、実際に支払う金額は、69歳までは、子ども世代と同じ3割負担ですが、**70〜74歳は2割、75歳以上になると1割と、負担が軽くなっていきます**※。

※所得によって2〜3割の場合もあり

 つまり、**年齢が上がるほど、費用負担が軽くなる**ってことか。年を取るほど、費用の負担もきつく感じそうだし、きちんと理解しておくことで、不安が和らぎますね。

 さらに、介護費も医療費も人によってそれぞれ、**支払い上限額というものが決まっていて、その金額を超えた部分は、戻ってくる制度**があります。この制度の解説もP142で説明していくので、まずは、一定額までは自分で払わなくちゃいけないけど、**後は国が何とかしてくれる**、ということを覚えておいてください。

 わかりました！　ありがとう！日本という感じですね。

お金がないなら制度に助けてもらう

最後の手段は「生活保護」を受けるという方法も

CHECK!

☑ 生活保護では「介護費」「医療費」も援助
☑ 親子共倒れにならないために、きちんと助けを求める

 かかるお金は公的な保険でなんとかなるということですが、それでも、介護費用が足りなくなっちゃうってこともありえますよね。

 子どものその後の人生を守るためにも、介護費用は親本人のお金でまかなうことが前提とお話ししました。ただ、親のお金で足りないなら、もちろん子どもが出すという方法もありえます。

でも、まだ自分の子どもがいて、教育費が、がっつりかかっているタイミングだとしたら、とてもじゃないけど、援助する余裕はないでしょう。住宅ローンに追われている人もいます。

子どもに援助する経済的ゆとりがない場合、親に**「生活保護」の申請をすることも検討**しましょう。生活保護は、生活に困窮している人に対し、必要な保護を行い、健康で文化的な最低限度の生活を保障するとともに、自立を助長することを目的としています。

相談や申請は、**親の住む自治体の福祉事務所**で行います。**本人か家族が申請手続き**をします。

 生活保護ですか？　ちょっと、後ろめたい感じが……。

■ 生活保護で受けられる主な扶助の内容（例）

日常生活にかかる食費、被服費、光熱費

家賃、住居補修費

病気やケガに対する治療・手術・薬の費用

要支援・要介護と認定された場合の、
介護サービス利用の費用

医療費や
介護サービス費
も制度で
負担されます

お葬式・火葬・埋葬などの費用

 確かに、子どもには親に対して扶養義務があります。ですがそれは、あくまでも「自分たちの**生活を維持したうえで、かつ親の面倒を見るだけのゆとりがある場合に生じるもの**」とされています。**自分たちの生活を犠牲にしてまで、親の経済支援をすることは法的に求められていません。**

私は実際に、生活保護を申請して親の介護をされている人に何人も会っています。その方たちの親はお金の心配をすることなく、きちんと生活を送られています。**家計が苦しいのに資金を援助したり、サービスにかかるお金を節約するために、子どもが仕事を辞めて介護をすれば、今度は、間違いなく子どもの人生が破綻**します。

 親も自分のために、子どもが犠牲になったら悲しむかもしれないですよね。

 そうです。罪悪感を抱く必要はまったくないです。生活保護を申請することで、**医療費や介護サービス費用の負担はなくなるので**、子どものこれからの人生を守ることができます。子どもは金銭援助以外の自分にできる方法で、親を支えましょう。

 できることは自分たちで行い、でも家族だけで抱え込まずに、助けを求めることが大切ということですね。

「扶養義務」は「介護義務」とイコールではない!

親の介護は
どこまでが義務なの?

CHECK!

- ☑ 「扶養義務」は、身の回りすべてのお世話の義務ではない
- ☑ 介護は自分ができる範囲で、「地域包括支援センター」に相談する

 親の介護を子どもがサポートしていくことが基本だとしても、さまざまな事情でどうしてもできないことってありますよね。

 そうですね。親子といってもその関係性は、それぞれのご家庭の事情によって1つ1つ違います。このことを考える前に、親への「扶養義務」と「介護義務」を同じものと勘違いしている方が意外といます。

 それって一体どういうことですか?

 P33でご説明した通り、老親への扶養義務は、ゆとりのある範囲での経済的な支援のことを指します。この扶養義務を、親が未成年の子どもに対して行うのと同じ義務だと思い込んでいる人が多いのです。

 子どもに対する義務……。お金だけじゃなくて、暮らしに必要な身の回りのことも親が面倒を見ていくことかな～。

 そうですね。子どもに対する義務は「生活保持義務」といい、自分と同程度の生活水準を提供する必要があります。健全な暮らしができるように、日常生活のさまざまなことも保障していく義務があるのですが、**親に対しては「生活扶養義務」まで。つまり子どもが手取り足取り親の介護を担わなければいけない義務はない**のです。

	生活保持義務	生活扶助義務
対象	夫婦間、未成年の子ども	成年の子ども、**親**、その他の直系血族、兄弟姉妹
義務の内容	自分自身と同じ程度の生活水準を保てるように保障すること	自分自身の生活は通常通り送れることを前提として、ゆとりのある範囲で扶養すること

親に対する扶養義務はゆとりのある範囲での「経済的な援助」のことです

なるほど。子どもが親の面倒を見るべきというわけではないんですね。家計だけでなく、**親との関係や気持ちの問題**でどうしても、介護のサポートができない場合はどうしたらいいのでしょうか？

まずは、自分がどこまで対応できるのかを明確にしておくこと。たとえば、入院の手続きや介護保険の手続きなどはサポートするけど、他はすべてプロに任せると決めるなど。そして、**地域包括支援センターに事情を説明してざっくばらんに相談してください。**自治体と連携して受けられるサポート体制を考えてくれますよ。

わかりました！　**自分の考えを明確化して、あとは相談**ですね。

また、親と事前に話し合える関係性であれば、**自分ができることとできないことを伝えましょう。**実際に、65歳以上の人に行った調査（※）でも、「排泄などの介護が必要になったら誰に頼みたいか」の質問に対し、46.8％の人が「ヘルパーなどの介護サービスの人」と回答していて、子どもに頼みたい人はわずか12.9％。親も子どもの手を煩わせたくないと感じている人が多いってことです。

確かに、もしも、家族がいない方だったら介護を頼む人はプロになるし、子どもがすべてをやる必要なんてないですよね。

※「令和4年高齢者の健康に関する調査結果（全体版）」内閣府

介護期間は予測がつかない

　介護は、子育てと違って何年後に終わると予測がつかないもの。人生100年時代ともいわれる現在では、親も子どもも105歳まで生きると想定しておいたほうが安心とお伝えしました。そこで、実際には介護期間がどのくらいか、平均データを見てみましょう。

　下図は、「介護をはじめてからの期間」の調査です。2021年の平均期間は5年1カ月で、4〜10年の割合が最も多い結果に。注目すべき点は、10年以上の割合が高いこと。2009年から比べても4％以上も上がっており、全体の2番目に高い17.6％を占めています。もちろん、4年未満が約半数を占めているので、必ずしも長期化するとは限りませんが、介護は10年以上と長く続く可能性もあることを心に留めておきましょう。

　もし、親の介護が長期間になったとしても、子どもは自分の人生とお金をしっかりと守れるような「介護のカタチ」を目指すこと。そのためにも介護制度のことや、プロの手を借りる方法などを理解して、しっかりと親の生活をマネジメントするようにしましょう。

2021年の平均期間は
5年1カ月
4〜10年の割合が最も多い

● **介護をはじめてからの期間**（介護中の場合は経過期間）

	6カ月未満	6カ月〜1年未満	1〜2年未満	2〜3年未満	3〜4年未満	4〜10年未満	10年以上	不明
2021年	3.9%	6.1%	10.5%	12.3%	15.1%	31.5%	17.6%	3.0%
2015年	5.8%	6.2%	11.6%	14.2%	14.5%	29.9%	15.9%	1.9%
2009年	4.8%	6.5%	13.2%	15.4%	13.7%	30.8%	13.3%	2.4%

出典：公益財団法人生命保険文化センター「令和3年度 生命保険に関する全国実態調査」

2章

おトクな制度を

見逃さない

介護保険、基本のキ

「地域包括支援センター」を まず押さえよう

☑ 介護の最初の相談窓口
☑ 親でも子どもでも困りごとはすべて相談
☑ 相談は親の住所地にある地域包括支援センターへ

 親の介護での子どもの役割や、会社が応援してくれることはわかった のですが、いつ何からはじめたらいいのかさっぱりわかりません！

 親について少しでも心配なことがあると感じたら、**親が住む地域の「地 域包括支援センター」**に相談するといいですよ。

 ちいきほうかつとは？

 「地域包括支援センター」とは、介護についての総合相談窓口的な役割 を担っている施設のこと。中学校の学区に1カ所程度設置されていて、 **全国で5400カ所以上、支所も含めると7300カ所以上**もあります。

 そんなにたくさんあるんですね。じゃあ、自分の家の近所で探してみよ うかな？

 ちょっと待った！ 親が住む地域を管轄するセンターのほうがいいです よ。というのも、**住んでいる自治体によって行われているサービス 内容は異なるから**です。センターの管轄は、住所地ごとに決まってい ます。親の暮らす地域を管轄するセンターがどこかわからなければ、 役所に問い合わせれば必ず教えてくれます。**電話で相談することも できる**ので、親の様子で心配なことがあったら、相談してみましょう。

具体的には何をしてくれるのですか?

 相談できることは、下図のように多岐にわたります。もし、地域包括支援センターで対応できないことでも、問い合わせ先を教えてくれるなど何かしらのサポートはしてくれます。

社会福祉士・保健師・主任ケアマネジャーなどの資格を持つ職員が、本人だけじゃなく、その家族の相談にものってくれます。**相談は、無料なので**気軽に利用してみてください。

 無料なんですか! それなら、相談しやすいですね。

■ 地域包括支援センターの役割

総合相談
・どこに相談したらいいのかわからない
・介護保険について質問したい
・サービスの紹介・申請の手続き支援
・1人暮らしの高齢者が心配
　　　　　　　　　　　　　　　　など

権利擁護
・悪質な訪問販売の被害にあった
・お金の管理が不安になった
・虐待にあっている人がいるようだ
　　　　　　　　　　　　　　　　など

包括的・継続的ケアマネジメント
・自治体・医療機関・
　介護サービス事業
　者などとの連携
・ケアマネジャーの
　相談、支援
　　　　　　　　　など

主任ケアマネジャー
保健師
社会福祉士
生活支援コーディネーター

介護予防ケアマネジメント
・身体の機能に不安がある
・健康を維持していきたい
・要支援1・2の人への支援　　など

地域包括支援センターの役割を一言でいうと、高齢者の「困った！」をなんでもサポートしてくれる**「よろず相談所」**というイメージです。

たとえば、介護が必要な段階じゃなくても、「健康のために体を動かしたい」という悩みに、**運動教室を紹介してくれたり**、「1人暮らしで話し相手がいないから寂しい」という人には、**地域の人と触れ合えるサークル活動や話し相手のボランティアを紹介**してくれたりと、生活全般のお手伝いをしてくれます。

「最近、物忘れが多くて困っている」という悩みにも、**センターで相談にのってくれます。**親の様子が心配だからといきなり「病院へ行こう！」だと、親の抵抗にあうこともありますが、地域包括支援センターにちょっと相談してみるということなら、**親も重く受け止めないかも**しれません。

なるほど！　日常の小さい悩みは、離れて暮らしている子どもはなかなかサポートできないから、とてもありがたい存在ですね。

子どもが実家に何度電話をかけても、親が電話に出てくれず、困ってしまって、地域包括支援センターへ相談の電話をしたら、代わりに様子を見に行ってくれたという話もありますよ。

介護保険制度についての相談や、**要介護認定（P48）の手続きも代理でやってくれます。**また、自治体で独自に取り組んでいるサービスもあるので、親の住む地域の地域包括支援センターは、一度チェックしておいてください。

帰省したついでに、親と一緒に行ってみるというのもいいかもしれませんね。

介護のお助け本「便利帳」を手に入れる

CHECK!

☑ 介護保険制度や利用できる窓口の連絡先が載っている
☑ 入手方法は WEB サイトや電話で依頼

 自治体独自で取り組んでいるサービスがあると言っていましたが、それを知るにはやっぱり、電話で相談する方法が一番早いですか?

 多くの自治体で、**その地域で高齢者が受けられるサービスの内容をまとめた冊子**を作成しています。入手しておくことをおすすめします。

 冊子ですか?

 イメージとしては、「便利帳」といったところでしょうか。たとえば、「親が最近、買い物の荷物が重くて大変、と困っている」という悩みがあれば、シルバーカーの購入費用を一部助成してくれたり、親が転ばないように、手すりを付けたいなどの住宅改修の費用助成をしてくれたりなど、**さまざまなサービスの内容や申込先などが一覧で載っていて便利ですよ。**

 なるほど!　一覧になっていれば、いちいち電話で聞く必要もないから、とりあえずどんなものがあるのかを確認することができますね。

 はい。おすすめの活用法としては、まずその冊子を入手して、地域包括支援センターに**相談の電話をかけるときには、手元に置いて参照しながら。**そのほうが、話がスムーズに進みます。

それは、すぐにでもゲットしたいです。ちなみに、地域包括支援センターへ直接取りに行かないとダメなのでしょうか？

近場なら、偵察がてらもらいに行きましょう。でも遠くなら役所のホームページをのぞいてみてください。**インターネットからデータでダウンロード**できるところもあります。**電話してお願いすると、送料の負担は必要ですが、多くの自治体が送って**くれますよ。

郵送してくれるなんて親切ですね。

郵送依頼するときは、「親がそちらの自治体で暮らしています。高齢者向けサービスなどの内容についてまとまっている印刷物があれば、送っていただけませんか？」と頼んでみてください。「**遠方に住んでいて、すぐ行くことができないのでお願いしたい**のですが」と一言添えてくださいね。「便利帳」の活用は、**自治体独自のおトクなサービスを見逃さない**有効な方法のひとつです。

■ **たとえば…こんなことが載っている！（例）**

「便利帳」は
子どもも、手元に
置いておこう！

総合相談

・困ったときの相談窓口の連絡先
・こころとからだの健康相談
・物忘れや認知症など医師による
　相談
　　　　　　　　　　　　　　など

介護保険

・介護保険課の連絡先
・在宅で利用できる
　サービス
　　　　　　　　　　　　　　など

日常生活サポート

・シルバーカー購入助成
・自動消火装置設置助成
・補聴器購入助成
　　　　　　　　　　　　　　など

緊急時に備えて

・緊急通報システムの設置
・火災安全システムの設置
・見守りサービスの案内
　　　　　　　　　　　　　　など

世界一の長寿国を支える制度

「介護保険制度」は かなり使える!

CHECK!

☑ 介護保険でサービス利用料が1割負担で済むのはなぜ?
☑ 介護保険はみんなが支える制度です

 それでは、介護で最も重要な**「介護保険制度」**について解説していきますね。

 介護サービスの**お金が9割も安くなっちゃう**アレですね。

 そもそも、介護保険制度というのは、介護を必要とする人をその家族だけでなく、社会全体で支えることを目的とした制度です。

国民のすべてに、**40歳になった月から、 介護保険料納付の義務が発生します。 この支払いは、 一生涯続いていきます。**「私は介護サービスを使わないから保険料は、払わない!」ということは許されませんし、**要介護状態になったからといって、 保険料を払わないわけにもいきません。**

この保険料を支払うことで、 要介護状態になったときに、 介護サービスの費用が1割負担で済むようになります。 残りの9割は、 自治体がサービス事業者に支払ってくれます。 ただし、 所得が多い親は、 2割・3割負担です。 詳しくはあとで説明します。
この9割の財源は、 40歳以上の人が支払っている介護保険料が半分、 残りの半分を国・都道府県・市区町村がそれぞれの割合で、負担しています。

介護保険料の支払いって、40歳からなんですね。ということは、**私、支払い義務発生**していましたね。**払っている認識がないですけど……**。

 その点は大丈夫！ 介護保険料の支払いは、自分で支払いをしたり、特別な手続きをしたりする必要はありません。

40歳以上64歳以下の人は、健康保険料に上乗せして徴収され、65歳以上の人は、年金から天引きされる仕組みとなっているので、**ほとんどの人がほったらかしで、支払いが済んでいます**。

 いつの間に。それって意外とみんな知らない話かもしれませんね。

■ 介護保険制度の仕組み

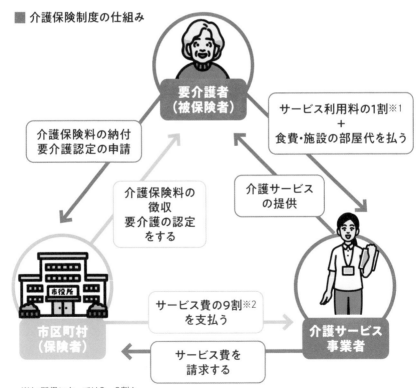

※1：所得によっては2〜3割も
※2：被保険者の負担によっては7〜8割も

介護保険料を支払っている人は、介護サービスを使うことができます。**65歳以上の人は、 第1号被保険者となり、 病気の有無や種類とは関係なく、 介護が必要と認定されれば、 誰でも使える**ようになります。40〜64歳の人は、**第2号被保険者**と呼び、「特定の16疾病」が原因での介護が必要になったときのみ使えます。

 介護が必要と認定って？　どういうことですか？

1割だから
1万9705円で
済むのね。
助かるわ〜

介護サービスの
利用費は
19万7050円
です

 介護が必要かどうかを決めることを、**「要介護認定」**といいます。介護が必要であると認定する仕組みのことで、この認定をもらうと、介護サービスが1〜3割負担で使えるようになります。

 ムムム……「要介護認定」。突然出てきて意味がわからない。

 「要介護認定」のお話は、別にするので(P48)、ここでは、**「介護保険料を支払う」「要介護認定を受ける」**この2つで、介護保険サービスが1〜3割負担で使えるようになると覚えてもらえば大丈夫です。

 わかりました！　**「保険料を払う」「認定を受ける」**で、**「7〜9割安くなる」**ですね。

はい。先ほど言ったように、所得の高い人は、介護保険が適用になっても、**自己負担が2割か3割となります。**目安は、単身で、年金収入が280万円以上の人は2割、340万円の人は3割です。

自分の親は1割と決めつけていると、**実は2割負担で費用が想定の倍だった**ということもあります。

新しく認定を受けると結果と一緒に**「介護保険負担割合証」**が送られてくるので、負担割合を確認することができます。

介護保険料の払い忘れに注意しましょう!

介護保険料の支払いは、40歳から生涯続きます。65歳以上の場合、原則、年金から天引きされる「特別徴収」です(1年間に受け取る年金額が18万円未満の人などは、「普通徴収」)。ただし、「特別徴収」であっても、75歳で後期高齢者医療制度へ移行する場合や年度の途中で他の市区町村から転入した際には、一定期間は「普通徴収」となるので注意が必要です。納付期限までに納めないと、延滞金が加算されたり、介護サービスの負担額がアップしたりとペナルティを課されます。救済措置もあるので、もし、親が払い忘れていることに気づいたら早めに市区町村へ相談しましょう。

■ **65歳以上の介護保険料支払い方法は2つ**

	特別徴収	普通徴収
条件	1年間に受け取る年金額が18万円以上	1年間に受け取る年金額が18万円未満
納付方法	年金から天引き	市区町村から送られてくる納付書で納める、または口座振替
納付期限	年6回の年金の支給月(4・6・8・10・12・2月)	年9回など(7月〜翌3月)※市区町村により異なる

「権利」を獲得するための手続きが「要介護認定」

- ☑ 黙っていても費用は1割になりません
- ☑ 要介護認定の申請は代理の人に頼むこともできる

 それでは、P46で、後で説明しますとお話しした、**「要介護認定」**について詳しくご紹介していきますね。

これは、**「あなたは日常生活を送るのに介助が必要です」というお墨付きをもらう**ことです。この認定を受けないと、介護サービスの利用をはじめられません。つまり、**介護保険を利用するための「権利」を獲得する手続き**になります。

 権利を獲得する!ですね。わかりました。

 要介護認定は、介護を受ける人の身体状態に合わせて、**要支援1・2、要介護1~5の7段階の介護が必要な状態を認定**する仕組みです。

状態に合わせて、その人に必要な**介護サービスの内容や受けられるサービスの量**を決めることになります。

介護が必要な状態の目安は、右ページの図の通り。ざっくり分けると、**身の回りの生活動作は自分でできるけど、このままだと介護が必要になってしまう人が「要支援」。食事や入浴などの生活動作にも介助が必要な人は「要介護」**となります。

■ 親がどんな状態だと、どの要介護度になる？

要支援 1	日常生活の基本動作のほとんどを自分で行えるが、家事や買い物などに支援が必要な状態	要介護 3	自力での立ち上がりや歩行、入浴やトイレ、衣服の着脱などに、全面的介助が必要な状態
要支援 2	要支援1の状態と比べてわずかに能力が低下し、何かしらの支援が必要になる状態	要介護 4	介護なしに日常の生活を送ることが困難。入浴、トイレ、衣服の着脱などに介助が必要
要介護 1	立ち上がりや歩行などに不安定さが表れ、入浴やトイレなどに一部介助が必要になる状態	要介護 5	日常の生活はほとんど、身の回りの世話全般において介助が必要な状態
要介護 2	自力での立ち上がりや歩行、入浴やトイレ、衣服の着脱などに、一部または多くの介助が必要な状態		

要支援

要介護

 そして、要支援は2段階、要介護は5段階とそれぞれ**数字が大きくなるほど、要介護度が重くなり、その分サポートが必要な度合いも増していく**といったイメージです。

 要介護1の人より、要介護3の人のほうが、介護の手がたくさん必要になるってことか〜。

 要介護認定の結果をもとに、介護サービスを利用していくことになります。このとき、サービスを利用するための計画書である「**ケアプラン**」を立ててもらうことになります。一度にあれもこれも覚えられないので、後ほど P56 で説明していきます。

まずは、「介護が必要」＝「要介護認定」とだけ、覚えてください。

「要介護認定」は、具体的には、何をすることになりますか？

それでは、流れを説明しますね。

最初は、要介護認定の申請です。この手続きは、親の住んでいる地域の役所に、介護を受ける親本人やその家族が申請する必要があります。必要な書類は、**①申請書、②介護保険被保険者証、③健康保険証、④マイナンバー**が確認できるものなどです。

もし、本人も、家族も申請手続きができないなら、地域包括支援センターなどが、**無料で申請の代行をしてくれます**。地域包括支援センターに電話などでお願いできるので、**子どもが実家に駆けつける必要はありません**。このサービスを**「申請代行」**といいます。

なんでも無料でやってくれるんですね。助かります！

申請が市区町村に受理されると、次は親の健康状態を報告するための**「主治医の意見書」**の作成と、実際に本人とその家族の状況を調査する**「訪問調査」**が実施されます。

主治医の意見書は、病院に行って手続きするとかですか？

いえいえ。主治医の意見書は、役所から主治医へ直接依頼がいくので、手続きなどは不要です。申請書に、主治医の氏名や医療機関名などを記入するだけでOK。**主治医には、事前に一言「要介護認定の申請をすることになりました」**と伝えておきましょう。

主治医と呼べる、かかりつけ医がいない人は、役所が指定する医師の診断を受けることになります。ですが、この「主治医の意見書」は、訪問調査の審査において、重要な資料となるので、**親の健康状態をよく知る医師にお願いするのが理想的**です。

■ 介護サービスを受けるまでの流れ

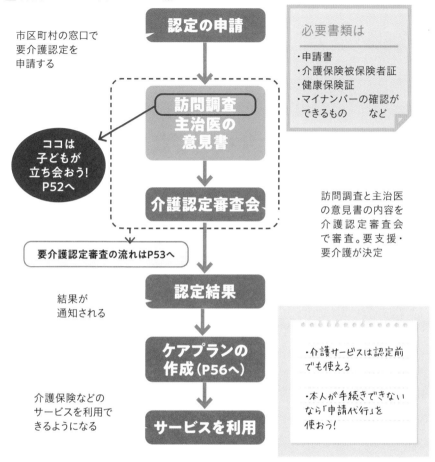

市区町村の窓口で
要介護認定を
申請する

認定の申請

必要書類は

・申請書
・介護保険被保険者証
・健康保険証
・マイナンバーの確認が
　できるもの　など

**訪問調査
主治医の
意見書**

ココは
子どもが
立ち会おう！
P52へ

介護認定審査会

訪問調査と主治医
の意見書の内容を
介護認定審査会
で審査。要支援・
要介護が決定

要介護認定審査の流れはP53へ

結果が
通知される

認定結果

**ケアプランの
作成（P56へ）**

・介護サービスは認定前
でも使える

・本人が手続きできない
なら「申請代行」を
使おう！

介護保険などの
サービスを利用で
きるようになる

サービスを利用

 「主治医の意見書」と「訪問調査」の結果を参考に「介護認定審査会」
が行われ、要支援・要介護度が決定され、その後介護サービスを利
用できます。**認定結果が出るまでは1カ月程度かかります。**

 認定結果まで1カ月……。今すぐサービスが必要！といった場合は、
どうしたらいいんですか？

 認定結果が出る前でも、急を要する場合は、サービスを利用すること
はできます。要介護認定の効力は「申請日」にさかのぼるので、申請時
点から介護サービスの利用ができますよ。

これだけは外せない 「訪問調査」の立ち会い

☑ 会社を休んででもアナタが立ち会うことはマスト
☑ 親の状況を「正確に伝えること」がアナタの役割

 要介護認定で「主治医の意見書」と同じくらい重要な**「訪問調査」**について説明していきます。

 訪問調査というくらいだから、誰かが訪問してくるのでしょうか？

 その通りです。申請が受理されると、親の状態を把握するために、役所から認定調査員が家にやってきます。**本人の心身の状態や日中の生活、居住環境や家族の状況などについての聞き取り調査**をするためです。そこに、子どもはぜひ同席しましょう。

この調査結果と、「主治医の意見書」をもとに、コンピューターによる一次判定を経て、**医療・保険・福祉の専門家による「介護認定審査会」**が開かれて、その人の要介護度が決定するという流れになります。

そのため、**訪問調査では、親の正確な状態を認定調査員にきちんと把握してもらわないと、正しい要介護度が判定されなくなり**ます。
要介護度は、必要なサポートの度合いを示すものですから、**正しく判断されないと、必要な介護サービスを利用できなくなりかねません**。そのため、子どもがサポートすることが重要なのです。

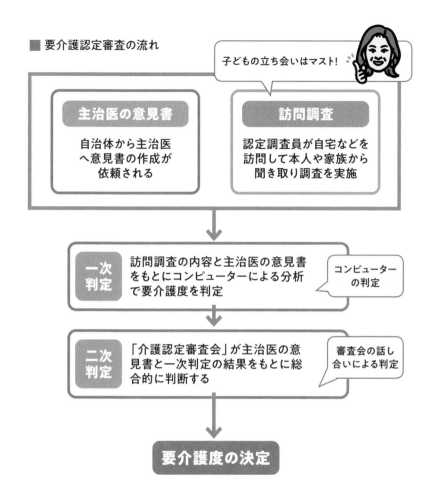

■ 要介護認定審査の流れ

子どもの立ち会いはマスト!

主治医の意見書

自治体から主治医
へ意見書の作成が
依頼される

訪問調査

認定調査員が自宅などを
訪問して本人や家族から
聞き取り調査を実施

一次判定　訪問調査の内容と主治医の意見書
をもとにコンピューターによる分析
で要介護度を判定

コンピューター
の判定

二次判定　「介護認定審査会」が主治医の意
見書と一次判定の結果をもとに総
合的に判断する

審査会の話し
合いによる判定

要介護度の決定

なるほど!　訪問調査のときに、親が自身の状況を正しく伝えられるか、**しっかり見守る必要がある**ってことですね。

その通りです。そのためにも、訪問調査の日は、**会社を休んででも、立ち会うこと**をおすすめします。

申請書の記入欄に、立会者の氏名を書く欄があります。調査員から調査日をいつにするのか、**日程調整の連絡が入るので、** 連絡先を子どもにしておけば、 調査員と直接スケジュールの調整ができますよ。

訪問調査では、具体的にどんなことをするのですか？　事前に知っておくと安心な気がします。

 主な内容は、5つの項目に分かれる基本調査です。**身体機能、生活機能、認知機能、精神・行動障害、社会生活への適応など**を中心に、「**できること**」と「**介助が必要なこと**」を調査します。

たとえば、ベッドに座った状態から立ち上がれるか、生年月日が言えるか、お金の管理ができているかなど。実際に立ち上がったり座ったりなどの動作をしてくださいと言われることもあります。
その他、過去に受けた医療のことや住まいの環境、介護できる家族の状況などの聞き取りも行われます。

調査にかかる時間はだいたい1時間くらい（それ以上かかることも）が目安です。

■ **訪問調査では何を聞かれる？**（例）

身体機能・起居動作	精神・行動障害
・マヒの有無 ・寝返り、起き上がりができるか ・座っていられるか	・感情が不安定か ・介護に抵抗するか ・1人で外に出たがり目が離せないか
生活機能	社会生活への適応
・食事の状況 ・排せつの状況 ・着替えができるか	・薬の服用ができるか ・お金の管理ができるか ・買い物ができるか
認知機能	過去に受けた医療
・意思の伝達ができるか ・生年月日、年齢がわかるか ・外出すると戻れないかどうか	・点滴の管理 ・透析

調査の間、子どもは見守っていればいいのですか？ **何か注意すべき点はあるのでしょうか？**

注意すべきポイントは2つあります。まず1つ目は、**親が張り切り過ぎたら制止する**ようにしましょう。

張り切り過ぎとは？　がんばっちゃいけないってことですか？

ありのままの事実を伝えることが重要なので、普段できていないのに、「できます！」と自信満々に親が答えたら、静かに訂正しましょう。

いいやできる！と怒ることもありそう……。

そういう心配がある場合は、調査員に**別室でこっそり伝えたり、メモを渡したり**してください。2つ目は、事前に**親の日常の様子や、どんなことに困っていて、どのような介助を必要としているのかをメモしておく**こと。日々忙しくしていると、うっかり忘れてしまうこともあるので、**気づいた時点ですぐメモする習慣をつけておけば、**調査の前にメモを整理するだけで済みます。焦がした鍋などがあれば写真をとっておくといいですよ。

なるほど〜。親の観察メモは役に立ちそうですね。

■ 子どもが注意するポイントは2つ

① **調査を見守り、間違いは正す**
親ががんばり過ぎたら、事実を調査員に伝えるようにすること

② **困っていることを事前にメモ**
普段の様子やどんな介助を必要としているのかを書き留めておく

要介護認定が終わったら サービス利用のプランを作成依頼

☑ サービス利用に必要な「ケアプラン」ってどんなもの？

☑ 改正で要支援でも条件付でケアマネジャーが作成可能に

 要介護認定が完了し、介護度が決まるまで1カ月程度かかりますが、それを待たずに、サービスを使うこともできます。ここでは、P49で、後で解説しますとお伝えした**「ケアプラン」**についてご紹介します。

 ケアプラン？　プランだから、計画ということでしょうか？

 はい。**利用者の状況に合わせて、いつ、どんなサービスを、どのくらい利用していくのかを計画していくことを「ケアプラン」もしくは「介護サービス計画書」といいます。**ケアプランは、本人や家族が作成することも可能ですが、ほとんどの人が、プロに作成依頼をしています。

 そうですよね。介護サービスを使う内容を決めるなら、絶対プロにお願いしたいです。自分じゃ絶対無理！

 ここで、注意すべきポイントは、**「要支援」と「要介護」では、ケアプランを作成してくれる人が違う**ということです。

 わかりました。要支援と要介護で変わるのですね。

■ 要支援と要介護では相談相手が違う

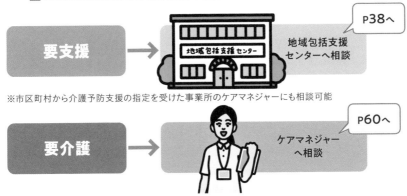

要支援 → 地域包括支援センターへ相談 P38へ

※市区町村から介護予防支援の指定を受けた事業所のケアマネジャーにも相談可能

要介護 → ケアマネジャーへ相談 P60へ

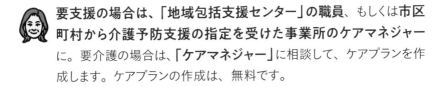

要支援の場合は、「地域包括支援センター」の職員、もしくは市区町村から介護予防支援の指定を受けた事業所のケアマネジャーに。要介護の場合は、「ケアマネジャー」に相談して、ケアプランを作成します。ケアプランの作成は、無料です。

なんでも**無料で助かります。** ところで、「ケアマネジャー」とは？

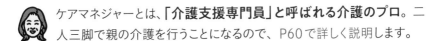

ケアマネジャーとは、「介護支援専門員」と呼ばれる介護のプロ。二人三脚で親の介護を行うことになるので、P60で詳しく説明します。

わかりました。「ケアプラン」って具体的にはどんなものですか？

たとえば、今は歩くのには杖が必要だけど、杖を使わないようにしたい、という希望があればリハビリを受ける、食事の介助は不要だけど、作るのが不安ということがあれば、訪問介護で食事の準備を手伝ってもらうなど、**利用者に合わせたサービスの種類、内容、利用回数、時間などをスケジュールするものです。**

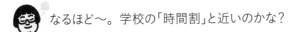

なるほど〜。学校の「時間割」と近いのかな？

そうですね。時間割に似ています。適切なサービスを受けるためにも**ケアプラン作りはプロに頼むのが安心**です。

要介護度によって利用できる サービスの量が違う

CHECK!

- ☑ 要支援・要介護度の状態を知る
- ☑ 1カ月に利用できるサービスの上限額がある

 要介護認定では要支援1・2、要介護1〜5の計7段階に分けられますが、**介護サービスを使える量も要介護度によって違い**ます。

 サービスの量ですか……。やっぱり要介護度が重いほうがたくさん使えるってことですよね。

 使えるサービスの内容にも違いがありますが、特に違いが大きいのは、サービスを使える回数。**1カ月に使える介護サービスの利用額には上限があり、これを「支給限度額」といいます。**要介護度が高くなるほどその額は増えていき、当然その分各サービスの利用できる回数も増えます。

 要介護度が高い人のほうが、より多く介護サービスを使える仕組みになっているのですね。

 たとえば、要支援1の支給限度額は5万320円です。そして、最も重度の要介護5だと36万2170円。サービスを利用する「権利」を獲得できても、**7段階のどれかによって1カ月に利用できる金額には7倍以上の開き**があるのです。

上限額を超えるとどうなりますか?

 上限額を超えた分は、 1割負担ではなく全額費用を負担すること
になります。

 全額負担! ということは、 すごく費用が高くなっちゃう?

 いえいえ、 **超えた部分だけが10割負担**となります。 たとえば、 要支
援1で6万円分のサービスを利用するとします。 下の表にあるように、
支給限度額は5万320円なので、 1割負担の場合、 自己負担は
5032円ですね。 それに、 **支給限度額からオーバーした9680円を
プラスして、 1万4712円を支払う**ことになります。

■ **サービスの支給限度額は要介護度が上がるほど増える**

要介護度	支給限度額(1カ月あたり)
要支援1	5万320円
要支援2	10万5310円
要介護1	16万7650円
要介護2	19万7050円
要介護3	27万 480円
要介護4	30万9380円
要介護5	36万2170円

「ケアマネジャー」選びに 時間をかける必要なし

CHECK!

☑ 介護プロ「ケアマネジャー」の役割がわかる

☑ 丸投げは絶対ダメ！ 子どもの要望もきちんと伝える

 ケアマネジャーは、 どこで探せばいいのでしょうか？ やっぱり地域包括支援センターで紹介してもらうとかですか？

 地域包括支援センターでも、ケアマネジャーが所属している「居宅介護支援事業所」のリストを提供してくれますが中立な機関なので原則、「ココがいいですよ」などのアドバイスをもらうことができません。提供してもらったリストや実家近くの事業所に直接電話して、通常**自力で探します**。もし、入院中なら、病院の医療ソーシャルワーカーに紹介してもらえるケースもあります。

■ ケアマネジャーはどうやって探す？

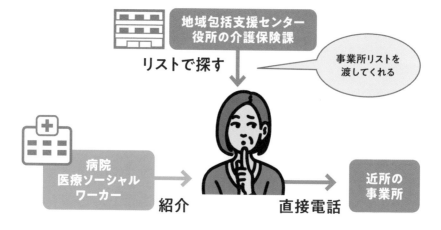

■ ケアマネジャーの役割は？

ケアマネジメント業務

・利用者との面談（状況やニーズの把握）
・課題の分析
・ケアプラン原案作成
・ケアプランに基づくサービスのコーディネート
・モニタリング
・ケアプランの作り直し

要介護認定に関するサポート

・介護される人やその家族への相談・助言
・要介護認定の申請手続き

その他

・介護保険施設への入居連絡・調整
・サービスが適正に行われているか、サービス事業者との調整

 ケアマネジャーの役割は、ケアプランを作るだけでなく、利用者やその家族への相談・助言や、サービスが適正に行われているかを見守っていくなど、**介護の全般をサポート**することです。要介護者1人につき、専属で1人つくので、**介護は、ケアマネジャーと二人三脚で進んでいく**ことになりますね。ただし、複数の利用者を担当しています（上限44人が目安）。

 かなり重要な役割ですね。時間をかけて探すほうがいいですか？

 そこまで時間をかける必要はありません。ケアプランが作成されないことには、介護サービスは開始されないので、実家近くの事業所へお願いするなど、**受け身の姿勢で次へ進みましょう。**

 そんなすぐに決めていいんですか？　**ちょっと不安が……。**

 ケアマネジャーは、**相性が悪いと思ったら後で変更が可能**です。最初は、親の介護がすぐにはじめられるように体制作りを優先させます。

 なるほど！　**後で変更可能**なんですね。それなら安心です。

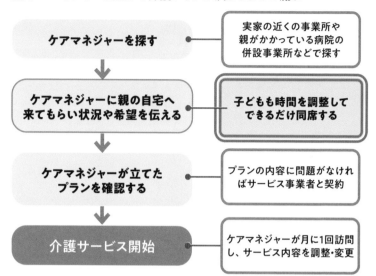

■ ケアマネジャー決定から介護プランが決まるまでの流れ

ケアマネジャーを探す
→ 実家の近くの事業所や親がかかっている病院の併設事業所などで探す

↓

ケアマネジャーに親の自宅へ来てもらい状況や希望を伝える
→ 子どもも時間を調整してできるだけ同席する

↓

ケアマネジャーが立てたプランを確認する
→ プランの内容に問題がなければサービス事業者と契約

↓

介護サービス開始
→ ケアマネジャーが月に1回訪問し、サービス内容を調整・変更

 ケアマネジャーが決まったら、親の自宅へ来てもらい、ケアプラン作りのための面談を行います。**子どももなるべく参加するようにして**ください。面談では、現在、親がどんな状況で、どんな介護を受けたいかや、サービスを受けることで、どんな生活を取り戻したいのかなどの目標も決めていきます。

この面談の内容を受けて、ケアマネジャーが、ケアプランを立てていくので、適切な介護サービスを受けるための大切な作業になります。親が自立した生活を送れるようにサポートすることが子どもの役割なので、**ケアマネジャーに任せきりにしないで、積極的に参加して意見を言う**ようにしてください。

 子どもの役割は、「マネジメント」ですもんね。

 仕事は辞めたくない、同居はムリなど**子どもの事情もはっきり伝えて**。介護費用についても、使える予算はどのくらいなのか、明らかにしてください。ケアマネジャーは、厳格な守秘義務があるので、遠慮せずに何でも相談してください。

二人三脚だから、なんでもオープンに話さないとですね。

面談後は、ケアマネジャーが利用者の要望を踏まえた「ケアプラン」を作成します。**プランの内容を確認し、問題がなければ利用するサービス事業者と契約を結び、介護サービスが開始されます。**

サービス開始後は、**「モニタリング」**といって、ケアプランに基づいたサービスが適切に実施されているか、利用者の状況に変化がないかなどを確認するために、**1カ月に1度、親の自宅をケアマネジャーが訪問してくれます**（要支援の場合は3カ月に1回以上）。2024年度よりオンラインでのモニタリングも一部解禁されました。モニタリングに関係なく、**心配なことがあれば、いつでも相談もできますよ。**メールでの連絡のやりとりができる人だとよりスムーズだと思います。

メールなら仕事をしていても連絡を取りやすいから助かりますね。先ほど、ケアマネジャーの変更ができると言っていましたが、どうやって変更したらいいですか？

変更の方法は、所属している事業所に連絡をして、変更の希望を伝えてください。**「親との相性が悪い」**と伝えれば角が立たないと思います。事業所ごと変更したい場合は、新しい事業所に「ケアマネジャーを変更したい」と伝えれば、新しい事業所から、前の事業所へ連絡して手続きを進めてくれることもあります。

■ ケアプラン作りで伝えておくべきことは？

☑ 月々いくらくらいまで介護費用を支払えるか明確な予算を伝える

☑ 「仕事は続けたい」「同居はできない」など子どもの事情も話す

☑ 任せきりにしないで最適な介護プランを一緒に考え意見を言う

要介護度が決まっても定期的に更新する必要がある

CHECK!

- ☑ 要介護認定には有効期限がある
- ☑ 体の状態が悪くなったらその都度認定の見直しをする
- ☑ 認定結果に不満があれば「区分変更」を申請する

 要介護度が一度決まると、その判定はずっとそのままですか？ 体の**状態が変わってしまったら、再度認定を受ける**ことになりますか？

 そこは気になるところですよね。そもそも、**判定された要介護度については、 有効期限があります。**

 有効期限！ それ重要ですね。**有効期限はどこでわかりますか？**

 要介護認定が終わって、要介護度が決まると「要介護認定結果の通知」「介護保険被保険者証」「介護保険負担割合証」が送られてきます。**有効期限は、「介護保険被保険者証」に記載があり、判定された要介護度の記載**もあります（右ページ図参照）。そして、これが介護サービスを利用するときに必要になる保険証となります。

 有効期限があって、サービス利用に必要ってことは免許証みたいな感じかな？ **有効期限には1年とか2年とか縛りがある**のですか？

 新規で申請した場合は、 原則6カ月となっていますが、本人の状態によっては、3〜12カ月の範囲内で、有効期限が設定される場合があります。**有効期限が切れる前に、 更新手続きが必要になる**ので注意してください。

うーん。状態によって、短くなったり長くなったりするんですね。もしも状態が不安定なら短く設定されて、安定しているようなら長くなることもあるってことですね。

その通りです。新規ではなく更新の場合は、原則12カ月。状況によって、3〜36カ月と幅があります。また、前回の要介護度と変わらなかった場合は、最大48カ月まで延長されることもあります。

ええー有効期限が最大48カ月! なんか長いな〜。ところで、更新手続きは何をすればいいのですか?

■ **介護保険被保険者証 (イメージ)**

更新ハガキ(P66)が来たらなるべく早く更新の手続きを!自分たちでできない場合はケアマネジャーが代行してくれます

更新手続きの手順を説明しますね。**有効期限満了日の60日前**には、役所の介護保険課より**「介護保険要介護認定の更新申請のお知らせ」**がハガキで本人に送られてきます。このハガキが届いたら、更新の手続きをします。

本人や家族ができない場合は、代理申請可能ですので、担当のケアマネジャーや地域包括支援センターへ相談してください。申請が受理されると、**更新するため、P48で説明した要介護認定を受ける**ことになります。

 要介護認定をまた受ける……。ってことは、子どもは**訪問調査を見守る必要がありますよね？**

 その通りです！ 特に**訪問調査で親ががんばり過ぎないように、マストで立ち会う**ようにして、**しっかりフォロー**しましょう。

 はい！ **しっかりフォロー。 子どもの重要な役割ですね。**

 有効期限内でも、 親の状態が落ちてしまったなと感じたときは、**「区分変更」**の申請をすることで、要介護認定の再調査を行うことができます。手続きは、新規や更新と同じ流れになるので、ケアマネジャーなどに相談して進めてください。特に、**病気やケガで入院し、退院するときは、 要介護度が変わりやすいので、 申請をすると**いいでしょう。 主治医に要介護認定を受けることを伝えるようにしてください。

有効期限内に要介護認定をやり直したい場合は、「区分変更」ですね。わかりました。

有効期限のことや、状態が変わったらすぐに要介護認定を受け直すことができるのはわかったのですが、**そもそも、 最初の判定結果に不満があった場合は、 どうしたらいいのですか？**

そうですね。実際に、結果に不満があるといった話も聞きます。判定結果に不満がある場合は、都道府県に設置されている「介護認定審査会」という第三者機関に、認定結果の内容を知った翌日から3カ月以内に、**「審査請求（不服申立て）」**をすると認定が妥当であるかが審査され、必要なら要介護認定をやり直すことができます。**ただし、審査結果が出るまで、通常数カ月かかります。**

 ## えぇ——、そんなに待てません。

そうですよね。その場合は、**「区分変更」を申請して、要介護認定のやり直し**をしてもらいましょう。その際に注意して欲しいのは、訪問調査への立ち会いはもちろん、**主治医に要介護度の認定が適切でなかったことを告げて、意見書をきちんと書いてもらう**ようにお願いすることです。

医師への根回しも子どもができる重要な役割ですね。

介護保険料は地域・収入で変わる

　65歳以上の人の介護保険料は、自治体が決める「保険料基準額」に対して、所得の段階別に設定された割合をかけて決まります。つまり、収入が高い人ほど保険料が高くなる仕組みです。所得の段階は、国が定めた標準段階があり、介護保険制度の改定で令和6年度以降、9段階が13段階に変更されました。さらに自治体によって19段階など細かく分かれている場合もあります。具体的には、住民税非課税世帯の場合（下図例参照）、基準額の人と比べて3割以下となり、年間約5.3万円も保険料の負担が軽く済みます。

　もう1つ気をつけたいのは、地域によってこの基準額が異なること。令和5年度の基準額の最高値の地域は、9800円（東京都青ヶ島村）で、最低値は3300円（群馬県草津町・北海道北海道音威子府村）と3倍近くの差があります。このことから、たとえば遠くに暮らす子どもの地域の施設へ親が入居する場合、今まで納めていた保険料が大きく変わることがあります。

● 65歳以上の所得別保険料の例 (東京都中野区の場合　保険料段階の一部を抜粋)

保険料段階	対象者		保険料率	月額保険料
第1段階	生活保護受給者、老齢福祉年金受給者で、世帯全員が住民税非課税。合計所得金額と本人年金収入の合計が年間80万円以下の人		基準額× 0.285	1783円
第2段階	本人・世帯全員が住民税非課税	合計所得金額と本人年金収入の合計が年間80万円超え120万円以下の人	基準額× 0.35	2191円
第3段階		合計所得金額と本人年金収入の合計が年間120万円を超える人	基準額× 0.65	4075円
第4段階	本人が住民税非課税	世帯に住民税課税者がいる人で合計所得金額と本人年金収入の合計が年間80万円以下の人	基準額× 0.85	5325円
第5段階		世帯に住民税課税者がいる人で合計所得金額と本人年金収入の合計が年間80万円を超える人	基準額	6266円
第6段階	本人が住民税課税	合計所得金額が125万円未満の人	基準額× 1.10	6900円

基準より安い

※令和6年度以降の介護保険料。月額保険料は月平均額（参考）

3章

子どもの時間を守る

在宅の

介護サービスは?

家に来てもらって受けられる 介護サービスには何がある?

- ☑ ざっくり分けると「日常的ケア」と「医療的ケア」の2つ
- ☑ 家で受けられるサービス内容の種類に注意

 ここでは、自宅に来てもらって受けられる介護サービスの内容について解説していきます。

 わかりました。在宅とはいえ、プロに頼るのが前提でいいんですよね。

 そうです。いざ介護が必要になったときのために把握しておきましょう。家に来てもらって受けられるサービスは、大きく分けると「日常的なケア」と「医療的なケア」の2つに分かれます。

担当するスタッフも、日常的ケアは「ホームヘルパー」で、医療的ケアは「看護師や理学療法士」などと、違いがあります。

 具体的にはどんなサービスが受けられるのですか?

 日常的ケアは、「訪問介護」といって、食事や入浴、トイレなどの身体介護と、掃除や洗濯、食事の支度などの生活援助が受けられます。その他に、特殊な浴槽を自宅へ持ち込んでもらって、入浴サポートを受ける「訪問入浴」というサービスもあります。
もう1つの医療的ケアのサービス内容は、主に「訪問看護」と「訪問リハビリ」の2つ。

■ 家に来てくれる主な介護サービス

日常的ケア		医療的ケア	
訪問介護	訪問入浴	訪問看護	訪問リハビリ
ホームヘルパー（訪問介護員）	看護師　1名 介護職員　2名	看護師	理学療法士 作業療法士 言語聴覚士
入浴、トイレ、食事などの身体介護。家事などの生活援助	自力で入浴ができない場合、特殊な浴槽を自宅へ持ってきてもらい、入浴の介助を受けることができる。看護師を含めた介護スタッフ3名が対応してくれるサービス	血圧・脈拍・体温のチェックや点滴・注射など医療的なケアをしてくれる	心身の機能の維持回復を図り、自立を助けるためにリハビリを行う

来てくれる人

サービス内容

身の回りのことから医療的ケアまでカバーします！

「訪問看護」は、医師の指示のもと血圧・脈拍・体温測定などによる体調管理、点滴・注射など**医療行為中心のサポート**が受けられます。床ずれ防止のケアや指導、介護する人への**介護指導や相談**にものってくれます。食事、トイレ、入浴介助サポートもしてくれますよ。「訪問看護」は状態によって医療保険でも受けられるので、利用の仕方はかかりつけの医師に相談してください。

「訪問リハビリ」は、**医師が必要と認めた場合**に歩行などの動作訓練、筋肉をつけるなどのリハビリを受けられます。機能の向上だけでなく、自立した生活を送るサポートもしてくれるので、**介護する家族の悩み**や手すりを付けるなどの**住宅改修の相談**などにものってくれます。

 医療的なケアも介護保険で自宅で受けられるとは安心ですね。

71

家事と身の回りのお世話は どんなことをしてくれるの?

- ☑ 「訪問介護」の担い手、ホームヘルパーの仕事を知る
- ☑ 通院介助や薬の受け取りも頼める

 日常的なサポートをしてくれる**ホームヘルパーの仕事は**、 日々の**生活に密着している**気がするので、サービスの内容をもっと詳しく知りたいです!

 わかりました。ホームヘルパーは、介護福祉士や介護職員初任者研修を修了した人で、**高齢者の日常生活を援助するためのカリキュラムをこなした介護支援のプロ**です。ホームヘルパーの仕事は、大きく分けると**「身体介護」**と**「生活援助」**の2つになります。
身体介護は、 食事や入浴、 着替えなど直接身体に触れて行う身の回りのお世話のことをいいます。1人で通院するのが難しいケースでは、**通院の介助をお願いすることもできます**。 ただし、**診察の待ち時間は、 介護保険の対象外**。 必要な場合はケアマネジャーに相談してください。**生活援助は、 掃除、 洗濯、 調理、買い物などの家事援助的なサービス**。 生活必需品の買い物や薬の受け取りなども行ってもらえます。

 プロが身の回りのお世話をしてくれれば、子どもは時間を確保できるし、親の安全も守れるから安心ですよね。

 そうですね。**日常的な介護はプロに任せて、 子どもは家族にしかできない部分でサポートする**ようにしましょう。

■ ホームヘルパーの主な仕事

身体介護

● 食事、入浴、トイレの介助
● 起床、就寝、着替えの介助
● 体位の変換
● 移動、移乗、通院などの介助
　　　　　　　　　　　　　など

生活援助

● 掃除、洗濯、シーツの交換
● 食事の準備、調理
● 生活必需品の買い物
● 薬の受け取り　　　　　など

MINI COLUMN

「介護タクシー」なら車いすのままでも移動できる！

■ 介護タクシー（保険適用外）の概要

利用対象	介護が必要、障がいのある人など
利用目的	制限なし（入退院時、通院など）
ドライバーの介護資格	条件はなく個々に異なる
家族の同乗	同乗可能
費用の仕組み	タクシー運賃（認可運賃：メーター制、併用など）＋車いす代＋介助料

たとえば…車いす利用で病院から自宅まで（一般のタクシーで2000円の距離）。介護職員初任者研修受講者のドライバーの場合

かかる費用の目安

予約料：400円 ＋ 送迎料：900円
＋ 基本介助料：1100円 ＋ 通常車いす：0円
＋ 運賃2000円 ＝4400円

通院などの移動は、車いすのまま乗車できる介護タクシーが便利です。探し方は、ネット検索の他、ケアマネジャーなどに教えてもらう方法もあります。予約の際に介護保険適用外と伝え、見積もりを取り、ドライバーの資格の確認をしましょう。資格のあるドライバーなら、乗降介助や室内介助なども受けられます。介護保険適用のタクシーを利用したい場合はケアプランへの組み込みが必要になります。

ホームヘルパーには
どんなことでも頼めるの？

- ☑ 医療的措置が必要なものは頼めない
- ☑ 要介護者以外の身の回りのお世話は頼めない

年を取ると、毎日の掃除や洗濯以外でも、「重労働だ！」と感じることが増えていく気がします。**たとえば、大掃除とか、そういった家事もホームヘルパーに頼んでもいいものですか?**

そう思いますよね。生活援助をやってくれると聞くと、**「家事代行」と混同されがち**です。でも、**介護保険のホームヘルパーは、** お手伝いさんではなく、**要介護者の普段の暮らしをサポートすることが目的なので、なんでも頼めるわけではありません。**

そうなんですね。ついついなんでも頼んでしまいそう…。

基本的に、「要介護者の生活に直接必要がないもの」「要介護者以外の人にかかわるサポート」「専門知識を必要とする医療行為」「ケアプランの内容に含まれない援助」については、サポートを受けることができません。

うーーん、イメージがわかないです。具体的にはどんなことでしょうか?

たとえば、親が2人で暮らしていて、母親は要介護1と認定されて、訪問介護をお願いした場合、**母親の食事の用意や洗濯のサポートはしてくれますが、父親の分についてはお願いできません。**

なんと！「**ついでにお願いします**」というわけにはいかないんですね。

 そうなんです。他にも**ペットの散歩、庭の草むしり、お金の管理**など。1人暮らしの親の話し相手になって欲しい、というような声も聞きますが、**話し相手とかお茶のみ相手とかも NG** です。

どうしても**お願いしたい場合は、 介護保険適用外のサービスとして依頼することになり、その部分は全額実費となります**。介護保険以外のサービスは、民間のサービス利用の他にも、自治体独自のサービスがあるので P80 で詳しく説明しますね。

 なるほど。わかりました。

 身体介護でも、細かな規定があります。たとえば、体位変換はしてくれるけど、床ずれの処置は対象外。通常の爪切りは対応してくれますが、巻き爪など変形していると対応してくれません。**どんなケアを受けられるのかは、ケアプラン（P56参照）で細かく決められていくので、希望する介護内容を、ケアマネジャーに伝えましょう。**

■ 介護保険の身体介護で頼めること〇と×

〇	×
トイレ誘導排せつ介助おむつ交換	胃ろうチューブやカテーテルの洗浄
体位変換	床ずれの処置
爪切り	巻き爪など変形した爪切り

■ 介護保険の生活援助で頼めること〇と×

〇	×
要介護者の部屋の掃除	家族の部屋の掃除
要介護者が食べる食事を作る	家族が食べる食事を作る
買い物の付き添い	生活必需品以外の買い物の代行

在宅介護でも外の施設で受けられるサービスはある?

CHECK!

- ☑ 日常生活介護やレクリエーション活動中心の「デイサービス」
- ☑ 身体機能回復リハビリが中心の「デイケア」
- ☑ 泊まりでサービスを受けられる「ショートステイ」

 自宅に来てもらって受けられるサービスの内容は、ざっくり理解したのですが、毎日、ずーっと家で過ごすのは息が詰まりそう。特に親が1人暮らしだと、閉じこもっていると心身が衰えそう。

 在宅介護で受けられるサービスは、自宅に来てくれて受けられるサービスの他に、**通って受ける(通所)サービス**があります。

 施設かどこかへ通うってことですか? ということは、送り迎えが必要になりますよね。

 その心配は無用です。**ワゴン車などで、自宅までお迎えが来て日中は施設で過ごして、夕方また自宅まで送ってくれる**という日帰りのサービスになります。

 なるほど〜。それなら送り迎え不要ですね。

 通所サービスには、**「デイサービス」**(通所介護)、**「デイケア」**(通所リハビリテーション)の2つがあります。**デイサービスは日常生活での介護や、他の人との交流を目的とし、デイケアは、リハビリや日常生活の自立支援を目的としています。** サービス内容にも違いがあります。

具体的にはどんな違いがあるのですか?

 デイサービスは、デイサービスセンターや特別養護老人ホームなどの**福祉施設で、入浴、食事、趣味の活動や運動・体操、レクリエーション活動**を行います。介護士、看護師などのスタッフが対応してくれます。

デイケアは、介護老人保健施設や病院などの**医療施設で、主治医の指示を受けながら、リハビリを行います。** 医師や看護師、リハビリ専門職などが対応してくれます。リハビリが中心の施設なので、**昼食や入浴のサービスを提供していない場合もあり、利用期間も機能が回復するまでなどの制限**があります。日帰りとはいえ、**親が行きたがらないこと**もあります。そんなときは、仕事を休まなければなりませんが、長い目で見ると、**親と一緒に施設の下見をしたり、何回か付き添う**のもいいでしょう。

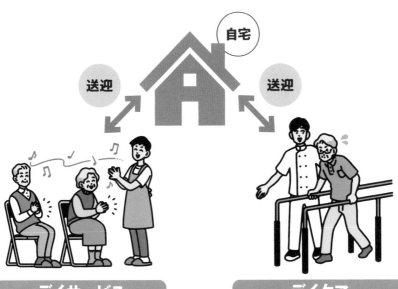

デイサービス
● 体調管理 ●トイレ・食事の介助
●レクリエーション（機能訓練）
●昼食の提供 ●入浴

デイケア
● 体調管理 ●リハビリテーション
●昼食の提供（※）●入浴（※）
※施設によっては提供していない場合も

通所のサービスは、日中を施設で過ごす形が基本です。一方、**施設に宿泊する短期宿泊のサービス**もあります。

泊まりでサービスを受けられるってことですか？ どんな場所へ行くのですか？

「ショートステイ」と呼ばれるサービスで、大きく分けて２つのタイプがあります。1つ目は、**「短期入所生活介護」**。食事や入浴などの日常的な支援やレクリエーションなどのサービスを受けながら、特別養護老人ホームなどに宿泊します。

2つ目は、**「短期入所療養介護」**というサービスで、看護師、理学療法士などによる機能訓練や医師による診察など、医療的なサービスが中心です。介護老人保健施設などに宿泊する形となります。どちらの施設も最長30日まで宿泊可能です。その他に、費用は高くなりますが民間の「有料老人ホーム」などに宿泊するサービスもあります。

短期入所生活介護＝訪問介護のようなサービスで、**短期入所療**

■「ショートステイ」が利用できる施設は?

生活介護が受けられる（短期入所生活介護）	療養介護が受けられる（短期入所療養介護）	民間の施設（保険適用外）
特別養護老人ホームなど	介護老人保健施設	有料老人ホームなど
	介護医療院	
	一部の病院もしくは診療所	

ケアプランに組み入れ週末や月2回などの定期的な利用もOK!

養介護=**訪問看護**的なサービスが受けられる施設に泊まるという感じ？　それにしても言葉が難しい……。

 そのイメージで大丈夫。利用するときには、**ケアマネジャーに相談すればOK**なので、ざっくり理解してください。

 民間の施設でも短期宿泊できるんですか？

 はい。有料老人ホームでも一時的な宿泊サービスを行っているところがあります。ただし、**費用は全額自己負担**になります。

 全額自己負担だとちょっと、厳しい気がしますが……。

 介護保険のショートステイは、3カ月前から予約できるところが多いのですが、**予約が取りにくい場合も。** その代用として、民間の施設を利用するといいでしょう。介護保険のショートステイもケアプランに入れてもらい、**月2回や毎週末など定期的に利用すること**もできます。ケアマネジャーに相談してください。

MINI COLUMN

1カ所で「通い」「訪問」「泊まり」の3役をこなす施設

施設への「通い」を中心に、「泊まり」「訪問」の計3つのサービスが利用できる**「小規模多機能型居宅介護」**。現住所と同一市町村にある**「小規模多機能ホーム」**という施設でサービスを利用します。どのサービスでも同じ施設のスタッフが対応してくれるため、安心感があります。利用料は要介護度ごとの定額制。ただし、他の訪問介護、デイケアなどとの併用はできません。

自治体や民間の
サービスを利用する

- ☑ 「自治体独自」「地域のボランティア」「民間」と主に3つがある
- ☑ 費用が安い自治体と非営利団体のサービスがねらい目
- ☑ 民間サービスは自由度が高いが費用がかさむ

 ここでは、P75で話題にあがった、**介護保険以外のサービスについて、ご紹介**していきますね。

 介護サービス以外ということは、**全額自己負担だから、1割が一気に10割！　高く**なりますね〜。

 そうですね。でも、介護保険以外にも公的サービスはあって、おトクに利用できますよ。それに、民間サービスは全額自己負担となりますが、あくまでも、**介護保険でサポートできない部分を補う**というイメージでとらえてください。

 あっそうですね。介護保険でまかなえない部分の補助ですね。焦ってしまいました。

 介護保険以外に使えるサービスは、主に右ページの図の3つがあります。1つ目は、**自治体が独自に展開するサービス**で、配食サービスや緊急通報サービスなど。費用は、**比較的安価で無料のケース**もあります。

 無料もあるのですね。それはありがたい！

■ 介護保険以外に使えるサービスは主に3つ

介護保険以外のサービスをうまく組み合わせましょう

自治体の独自サービス

利用できるサービス例	● 配食サービス ● 緊急通報サービス など
費用	無料または、少額の自己負担

非営利団体のサービス

利用できるサービス例	● 買い物依頼 ● 病院付き添い・ 　家事お助け など
費用	全額自己負担 （比較的割安）

民間のサービス

利用できるサービス例	● ネットスーパー 　ネット通販 ● 家事代行サービス など
費用	全額自己負担（費用高め）

 2つ目は、**非営利団体のサービス**。社会福祉活動の推進を目的に、各都道府県、市区町村単位で設置されている「**社会福祉協議会**」という団体があり、住民参加型の「**有償ボランティアサービス**」を提供しています。**買い物代行や病院の付き添い、家事援助**などのサービスを割安な料金でサポートしてくれます。

 割安というのはうれしい！　どうやって利用すればいいのでしょう。

 まずは、地域包括支援センターへ問い合わせてみましょう。直接、**社会福祉協議会に連絡してみてもいいですよ。生活協同組合などでも実施**しているところがあります。

 わかりました。地域のサポートは、本当に頼りになります！

 3つ目の民間サービスは、幅広い内容があります。**ネットスーパー**なども助かりますし、**家事代行でホームヘルパー**を頼むこともできます。**便利屋さん**に家具移動とかゴミ出しとかをお願いするのもありです。情報は、インターネットや口コミで収集します。

費用が安い自治体独自と非営利団体のサービスをもっと詳しく知りたいです！

 右ページの表で、自治体と社会福祉協議会で受けられるサービスの例（東京都目黒区の場合）をまとめました。

自治体独自のサービスは、要介護・要支援と認定された人に指定の曜日に食事を手渡しで届けてくれる**安否確認を兼ねた配食サービス、定期的に安否確認の電話をかけてくれるサービス、 ゴミ出しが困難な場合のゴミ出しサポートをしてくれるサービス**などがあります。

また、 銭湯への送迎と入浴の着替え、体を洗うサポートや理美容室へ行く介助を**1時間400円で受ける**ことができます。

 美容院へ行くなど、日々のサポートは、離れて暮らす子どもはなかなかできないから助かりますね。それに**1時間400円は安い！**

 社会福祉協議会で受けられるサービスでは、**家事援助、介護援助から、 電球の取り換えなど身の回りの困りごともサポート**してくれます。目黒区の例だと、**年会費が500円かかりますが、1時間1000円前後の料金で利用できます。民間の家事代行は、1時間3000円くらいですから、 3分の1程度の費用で済みますよ。**

 なんと費用が3分の1！ それはありがたいです〜。社会福祉協議会のサービスは、マストでチェックですね！

 そうですね。地域住民がお互い様の気持ちで行うものです。親の住む地域にどんなサービスがあるのかチェックしてみてください。**便利でおトクなサービスが見つかるかも**しれませんよ。

■ **自治体独自の生活サポートサービス例**（東京都目黒区の場合）

	内容	利用料金
配食サービス	要介護・要支援と認定された人で買い物や調理が困難な人に指定の曜日に昼食または夕食を手渡しで届けてくれる	1食につき**244～541円**（普通食の場合）
ゴミ・資源訪問収集	集積所へのゴミ出しが困難な場合、自宅までゴミを取りに来てくれる	**無料**
さわやかコール	定期的に（週に1～3回）安否確認の電話をしてくれる	**無料**
銭湯介助サービス	銭湯への送迎、入浴前後の着替え、体を洗うなど入浴のサポート	1時間**400円**※入浴代・交通費別途
理美容室介助サービス	理美容室へ行く場合の送迎サポート	1時間**400円**※理美容費・交通費別途
家具転倒防止器具の取り付け	地震発生時の安全対策として家具転倒防止器具の取り付け費用を負担してくれる	用具取り付け費**2万円**まで負担（器具代を含む）

※上記はすべて65歳以上のひとりぐらし等高齢者登録が必要 ※「銭湯介助サービス」「理美容室介助サービス」は他サービスによる介助を受けることができない、自力で行くことができないなどの要件あり。

■ **社会福祉協議会で受けられるサービスの例**（目黒区社会福祉協議会の場合）

	内容	利用料金
家事援助	掃除、洗濯、買い物、食事作り、話し相手など	年会費 **500円**1時間 **900円**
介護援助	通院介助、外出介助など	年会費 **500円**1時間 **1100円**
すっきりさせ隊	窓ふき、ベランダ掃除、荷物の整理	年会費 **500円**1時間 **1100円**（原則2時間以内）
困りごとお助けサービス	電球の取り換えなどの専門技術を必要としない簡易な作業	**500円**／1回（原則30分以内）

要支援・要介護認定がなくても受けられる総合事業も

65歳以上の高齢者には、要支援・要介護と認定されなくても受けられるサービス（総合事業）があります。体操教室や脳トレゲーム、健康麻雀などは、習い事感覚で通えて、楽しみながら介護予防にも利用できます。また、必要だと認められれば、認定を受けなくてもホームヘルプサービスやデイサービスを受けられるケースも。詳しくは、地域包括支援センターに問い合わせを（P85へ）。

3-6

困った場合の抜け道①

親が「要介護認定」を 嫌がったらどうするの？

CHECK!

☑ かかりつけ医にすすめてもらう

☑ 総合事業を利用することからはじめる

 在宅で受けられる介護サービスの内容については、なんとなくですが、理解しました。でも子どもがプロに頼むことを希望していても、**「介護なんて必要ない！」と怒りだす親もいそうな気がします。**

 そうですね。子どもは、親が自立した生活を安全に送れるようにさまざまなサービスを使うことはいいことだと理解していても、**「親が頑なに嫌がるから困っている」という話もよく聞きます。**

 何かよい解決方法はあるのですか？

 「絶対いいから使って！」と強く言ったところで、親子喧嘩になってしまったりして、解決は難しいです。普段の仕事を思い出して、親のことを**「やっかいなクライアント」と考えて工夫しましょう。どうやったら耳を傾けてくれる**のかなと。

 仕事感覚で向き合うのですね！ 親だと思うからイライラするんですね。

 そうですね。たとえば、**かかりつけの医師から親に、「要介護認定を受けたほうがいいですよ」とアドバイスしてもらうと「先生が言うなら」とすんなりと申請を受け入れてくれた**という話をよく聞きますよ。

なるほど〜。「お医者様が言うことなら、重要なことだ」と素直に受け入れてくれそう。

その他に、**要介護認定を受けずに利用できるサービスを使ってみる**という方法があります。

そんなことできるのですか?

介護予防・日常生活支援総合事業（総合事業）といって、高齢者が要介護状態にならないように支援するために国が行っている取り組みがあります。地域包括支援センターで**「基本チェックリスト」の質問**に答えて、**介護予防が必要と認定されれば、ホームヘルプサービスやデイサービスを受ける**ことができます。

「基本チェックリスト」、それ何ですか?

日常生活の様子や身体状態、外出の頻度などの25の質問項目に「はい」か「いいえ」で答えるものです。結果も、すぐにわかるので、要介護認定のように大掛かりな手順を踏む必要はありません。地域包括支援センターで、基本チェックリストに回答して、すぐに判定を受けることができます。

簡単な項目にチェックするだけなら、難しくとらえないで受け入れてくれるかも。

まずは、「とっかかり」から。総合事業で受けられるサービスから利用してみたら、「意外とよかった！」と要介護認定にも前向きになってくれるかもしれませんよ。

要介護認定を受けたのに**サービスを利用したがらなかったら**

CHECK!

☑ **訪問看護で医療的な側面から健康管理をしてもらう**
☑ **割安で住宅改修ができるとおトク度を強調!**

 要介護認定を受けても、ホームヘルパーなんていらないと言い出したらどうしたらいいですか？　**せっかくの認定がもったいないです。**

 そうなんです。親が「掃除や洗濯は自分のやり方がある」「そもそも家に他人を入れるのが嫌」と言い出して**サービス利用を拒むという話をよく聞きます。**

 確かに……。家事は自分のやり方に強いこだわりがある人が多そうだし、家族以外に身の回りの世話をして欲しくないという人はまだまだいそうですね。

 そういった場合は、**「訪問看護」の利用からはじめる**といいかもしれません。ホームヘルパーだと、お手伝いさんのイメージが強いのか、「もったいない」「人に頼むものではない」と思う親もいます。**「看護師さんが健康チェックに来てくれる」**というふうに、**医療面でのサポートを前面に押し出す**ことで、理解してくれることもあります。

 なるほど〜。看護師が健康管理をしてくれるなら、必要なものと思ってくれそう。体調に関するサポートなら「もったいない」とはならなそうですね。

もう1つは、**おトク感をアピールする**という方法もあります。

おトク感？　サービス費が9割安くなる話ですか？　安いからといって、ホームヘルパー使いますかね？

介護保険では住宅改修にかかる費用を補助してくれます。ホームヘルパーが嫌なら、**家を快適にするという方向から提案してみる**のはどうでしょうか。

えっ！　家の改修に補助が！　その話詳しく知りたいです。

住宅改修のおトクな話はP150で説明しますので。ここでは、親の説得方法を聞いてください。たとえば、転倒防止のため、家の段差をなくしたり、手すりを付けたりする工事費が、**20万円かかっても、家が安全になるうえ、18万円は戻ってくる（1割負担の場合）**というのは、相当おトクな話だと感じますよね。

確かに！　**ダブルでうれしいから納得感が高い！**　これなら「うん」と言ってくれそうです。

子どもが病院に付き添えない場合はどうする?

CHECK!

- ☑ 1人での通院が難しい場合の手段を考える
- ☑ 自宅へ医師に来てもらう訪問診療
- ☑ 付き添いに民間のサービスを利用する

 年を取ると、**定期的な病院の受診が必要になる親は多いです**。でも1人で通院することが難しくなることも。かといって、子どもは、仕事をしていたり離れて暮らしていたりで、**付き添えないケースもあります。**

 そういったときは、ホームヘルパーさんが、病院の付き添いもしてくれますよね。

 ホームヘルパーは、送り迎えや受診手続きのサポートはしてくれますが、**病院内の付き添いは原則、家族が行うことになります。**

 えっ。それって、親が1人暮らしで子どもが離れて暮らしていると、なかなか難しくないですか?

 そうです。その場合は、代わりにサポートしてもらえるものを考えます。まず1つ目は、**「訪問診療」**の利用です。

 訪問診療?　訪問看護とは違うのですか?

 訪問診療は、看護師ではなく医師が訪問してくれます。たとえば、**1週間に1回、2週間に1回など定期的に訪問し、自宅で診療を受けられます。**

なるほど。医師が定期的に来てくれれば、病院へ付き添う必要がなくなるということですね。

医師が自宅へ訪問してくれる診療方法は、**「往診」**というスタイルもあります。**往診の場合は、体調の急変があった場合や、患者や家族の要望があったとき、不定期に来てもらう**ものになります。

どちらも、病院で治療したときと同じ、医療保険による支払いになるので、費用は1〜3割の負担になります。

家に病院が来てくれるという感じでしょうか。

そうですね。**訪問医を利用するには、親が入院している病院の医療相談室に相談するか、主治医に相談**しましょう。

もう1つの方法は、民間のサービスやホームヘルパーに付き添いを依頼することです。

民間なら、院内の付き添いもしてくれるということですか?

はい。民間なら、**病院内までの付き添いはもちろん、診察に立ち会って、医師とのやりとりを記録して報告してくれるサービス**もあります。全額自費でヘルパーや看護師に依頼するものなので、**費用はそれなりにかかります。**

ただ、離れて暮らしている子どもが、病院の付き添いのために、頻繁に実家へ通うことと比べた場合、**費用対効果は、それぞれの判断になる**と思います。

親の公的証明を管理しておこう!

　介護サービスを利用したり、病院にかかったりする場合に必ず番号や本体の提出を求められる公的な証明書があります。主に必要になるのは、「介護保険被保険者証」「介護保険負担割合証」「健康保険証」「マイナンバー（個人番号）」の4つです。たとえば、要介護になったときには、ケアマネジャーや介護サービス事業者との契約が必要です。その際に必要となるのが、介護保険被保険者番号と、要介護度負担割合、健康保険証被保険者番号、マイナンバーなどの情報。これは、入院時にも同じように必要です。契約に関する申請書などを親の代わりに代筆するケースも増えてくるので、主な4つの証明書の保管場所は子どもも把握しておくこと。病院にかかった場合には、「おくすり手帳」も必要になるので、保管場所は確認しておきましょう。

　また、2024年12月2日から、「健康保険証」の発行が終了し、健康保険証は廃止となります。健康保険証は、マイナンバーカードと一体化された「マイナ保険証」に移行されます。廃止後も健康保険証は、猶予期間として1年間使うことができ、マイナ保険証を持たない人には自動的に「資格確認書」が交付され、最長で5年間利用可能となります。

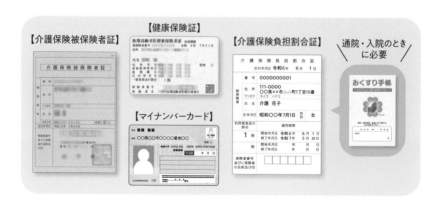

4章

子どもの時間と
親を守る
施設介護とは？

施設介護へ移る
タイミングは?

CHECK!

☑ 嫌がる親との話し合いは時間をかけて
☑ 家族が共倒れしないうちに決断

 親の心身が衰えて1人で暮らすのは心配な状態になり、子どもが施設入居をすすめても本人が嫌がるという話をよく聞きます。

 施設へ入居することを嫌がる親が多いのは事実です。"住みなれた自宅が一番"という気持ちもわからなくないのですが……。

 でも1人にさせておくのが心配になると……。同居の場合でも、日中は、子どもは仕事に行くので、親だけになってしまうと、危険がないのかなど、不安になりますよね。

 そういう気持ちを**時間をかけて伝えることが大切**なんですが、元気なうちに話をするのは難しいのが現実です。ただ、火の始末ができなくなったり、1人でトイレに行けなくなると、物理的に在宅での生活は限界になります。そうなってから施設入居の話をはじめると、**自宅に住み続けたい親 vs どうしても施設へ入居させたい子どもとなり、話がうまく進まない**原因になります。**今のうちから、「もし在宅での暮らしが危険になったら施設入居も考えてみて」**と伝えておくことが、距離を縮める方法かもしれません。

 確かに**切羽詰まってから話すと、ますます意固地になりそう〜**。状況が目に浮かびます。どうすれば、いいのでしょう。

在宅で介護保険のサービスを利用しているときから、ケアプランの中に**ショートステイを組み入れてもらう**のもひとつの方法です。数泊でも家を離れることができると、施設に対する抵抗感が小さくなるようです。

親だけでなく、日ごろ介護に参加していないきょうだいに限って「施設に入れるなんてかわいそう」と言い出すという話もよく聞きます。

そうですね。**きょうだいと意思疎通を図っておくことも大事**です。それに、両親が2人で暮らしている場合、**介護される親だけでなく、介護している親のほうのことも気にかけましょう**。施設入居のタイミングが遅れると、介護している親のほうまで体調を崩したり精神的にまいってしまうこともあります。

■ 施設入居はこんなことを目安に決断

☑ **1人でトイレへ行けなくなったとき**

☑ **火の始末に不安を感じるようになったとき**

☑ **食事を食べない、転ぶなど生活に支障が生じたとき**

☑ **介護をする家族の共倒れが心配になってきたとき**

☑ **要介護度が「要介護4」になったとき**

急な入院から介護になったらどうする？

「在宅」「転院」「施設」の3つの選択肢がある

CHECK!

☑ 最初に入院する病院はいつまでもいられない
☑ 入院中に退院後の居場所を考える
☑ 入院中の困りごとは医療ソーシャルワーカーへ相談する

緩やかに介護が必要になっていく場合だけじゃなく、**突然の病気やケガなどでの入院から介護が必要になるというケースも考えられますよね?**

そうですね。そういうケースは多いと思います。つい最近実家に帰ったときは元気だった親が、急に救急車で運ばれて入院することになった、なんてことは決してめずらしいことではありません。

退院後は、在宅での介護が難しくなってしまうこともありそう。

そうなんです。突発的にいろいろなことが起こってしまうと、パニックになりますし、何をしたらいいのか途方に暮れるものです。そうならないためにも、**ざっくりでいいので、入院した場合の介護になるまでの流れや、やっておくべきことなどを理解しておく**ことが大切です。

事前に流れを理解しておけば、いざというときに慌てずに済みますね。

はじめに、**入院するのは一般的な治療を行う病院、「急性期病院」と呼ばれる病院**です。

最近の病院ってあまり長く入院できないと聞きますよね。

■ 突然の入院から介護へのキホンの流れ

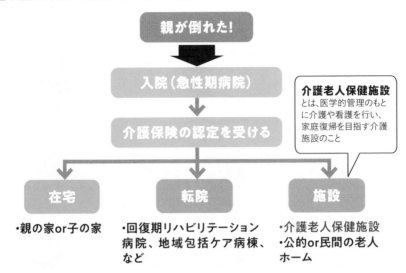

ここでは、重症度や緊急度の高い患者の治療が中心となりますので、症状が安定して、治療が落ち着くと退院になります。**退院後は、「在宅」「転院」「施設」の3つどこへ移るのかを決める必要があります。**

うーん。症状によっては、自宅に戻るのが無理な場合もありそうだし、施設はいきなり入居できないですよね。

そういったケースは、回復期リハビリテーション病院、地域包括ケア病棟などに転院することになります。回復期リハビリテーション病院の場合は、脳血管疾患、急性心筋梗塞など入院可能な疾病や傷病の条件が、厚生労働省によって細かく決められています。

「地域包括ケア病棟」であれば、疾病や傷病の条件がなく、**症状が安定したけどもう少し経過観察が必要など、医師の判断があれば最大60日まで入院できます。**介護老人保健施設は、在宅復帰を目指す人が、医療ケアやリハビリを受けられる施設です。

その期間に、介護体制を整えることができそうですね。

また、転院した病院や施設でリハビリなどをしたとしても、**自宅への復帰（在宅介護）が難しいケースもあります。その場合は、高齢者施設へ入居することも検討**しましょう。

 本人の希望だけを最優先するということでなく、**介護する側のケアも大切**ということですよね。

 はい。たとえば、P93でお伝えした状況を目安に、家族でよく話し合って決めることをおすすめします。すぐに決められない場合は、**一旦、介護老人保健施設に入居する手段もあり。**介護保険施設の1つで、**3か月ほどを目途に入居してリハビリなどを受けます。**

 ところで、退院後、回復期リハビリテーション病院や地域包括ケア病棟へ移る場合、医師の判断が必要になるし、施設を探すのも医療や介護の知識がないと難しいと思うのですが、どうしたらいいですか？

 入院中や退院後の不安は、**「医療ソーシャルワーカー」**に相談するといいでしょう。医療機関などにおける福祉の専門職で、**「医療相談室」「総合相談室」**などと呼ばれる部署に在籍しています。本人はもちろん、**介護をサポートする家族の相談にものってくれます。基本的には、事前に予約が必要**になります。

 急な入院で、戸惑うことが多そうだから、相談できる人がいるのは心強いですね。

 退院時に、**「退院時ケアカンファレンス」**という会議を開催して、退院後のケアについて、具体的なプランを立てることも可能です。この会議では、**病院側の医師、看護師、医療ソーシャルワーカーとケアマネジャー、本人、家族など**で話し合います。

 「退院時ケアカンファレンス」、重要な会議ですね！

■ 退院する前に「退院時ケアカンファレンス」を開催する

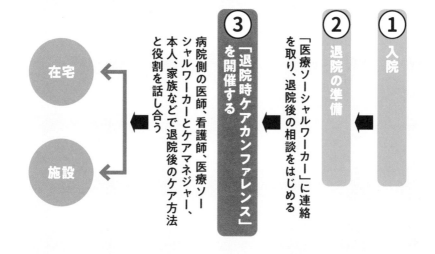

在宅

施設

① 入院

② 退院の準備

③「退院時ケアカンファレンス」を開催する

「医療ソーシャルワーカー」に連絡を取り、退院後の相談をはじめる

病院側の医師、看護師、医療ソーシャルワーカーとケアマネジャー、本人、家族などで退院後のケア方法と役割を話し合う

 ただし、すべての病院で積極的に退院時ケアカンファレンスを開催しているわけではありません。なので、**自分から「退院時ケアカンファレンスを希望します」アプローチをする**ようにしてください。退院後は自宅などでケアを行う必要があるのに、希望する対応が得られない場合は、「地域包括支援センター」へ相談してみましょう。

 ここでも、**地域包括支援センターですね。 頼りになります!**

 また、**入院中に要介護認定（P48参照）の申請をしておく**のもいいでしょう。認定調査員は、病院にも来てくれます。申請のタイミングは、医師や医療ソーシャルワーカーに相談してください。

 要介護認定をしておけば、退院後すぐに介護保険が利用できるし、ケアマネジャーにいろいろサポートしてもらえるから安心ですね。

 はい。退院後の介護の体制作りのサポートをケアマネジャーに相談できるのでできるだけ早めに申請することをおすすめします。

4-3

高齢者施設は「フルプラン」と「オプションプラン」の2つ

CHECK!

- ☑ 施設によって介護サービスの内容はさまざま
- ☑ 施設に払うお金に介護費用が含まれているとは限らない
- ☑ 公的施設と民間施設では費用に差がある

 親が高齢者施設に入っているという人に話を聞くことがあるのですが、施設のイメージや評価は百人百様で驚きます。

 高齢者施設と一言でいっても、いろいろなタイプがありますからね。**施設への入居を考えはじめた人が、最初に困惑するのが種類の多さ**だと思います。まずは施設について、客観的に見極める目を持つことが大切です。

 そう言われると**難しそう**で、最初からヤル気がなくなります……。

 ですよね。でも確認すべきポイントを知ってこそ、自分の親にふさわしい施設を選ぶことができます。

そのポイントだけを、簡単に教えてください!

まず確認すべき点は、介護サービスを行うのが、入居している施設の職員なのか、外部の事業者と別契約するのかということです。**介護サービスを職員が行う施設は「フルプラン」、外部の事業者と別に契約する施設は「オプションプラン」**と覚えてください。

 どちらかなんですね。

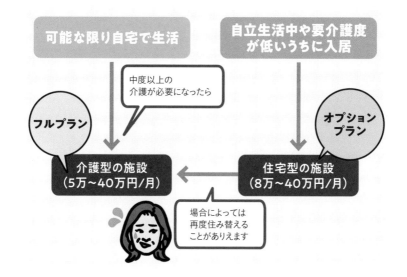

 そうです。ここが施設選びのミスマッチになりやすい、大きなポイントです。「こんなはずではなかった」という声をよく聞きますが、この点を確認しておけば、そういうことは少なくなるはずです。

 2つしかないなら、確認するのは簡単ですね。

 フルプランの施設は「介護型」といわれるのですが、多くの人がイメージする老人ホームはこのタイプです。これに対して**オプションプランの施設は「住宅型」**と呼ばれ、建物は高齢者向け仕様になっているものの、介護サービスは別契約になっています。

 子どもから見ると、フルプランの介護型のほうが安心な気がします。

 要介護度が重くなってから入居するなら介護型のほうが安心なケースもあります。でも、**要介護度が低いうちは住宅型のほうが生活の自由度が高く費用も抑えられます。**親の身体状況や希望に合うのはどちらのタイプかを、正しく見極めることも子どもの役割のひとつです。

介護が必要というより、**1人で暮らすのは心配だからと施設を探すのならば、住宅型**のほうがいいってことですね。

そうですね。**要介護度が低い間は住宅型なら費用を抑えられます**し、要介護度が高い入居者が多い施設だと、なじみにくい可能性があります。早めに入居するなら、自分でできることが多い間は住宅型、要介護度が重くなったら介護型へ移ることを検討するというのが現実的かもしれません。多くはありませんが、1つの施設に両方を備えているところもあります。

でも施設に入居してくれれば、その後は安心ですよね。

そんなことは、ありません。住宅型の施設は**要介護度が進むと退去を言い渡されることもあります。**

え!　追い出されちゃうんですか。

フルプランの介護型は、看とりまで行う施設が多いので「終<ruby>つい</ruby>の棲<ruby>すみか</ruby>家」となりえるケースが多いです。しかしオプションプランの住宅型は、重い介護が必要な人には対応できない場合もありますから、将来的に住み替えの必要が生じる可能性も考えておいたほうがいいですね。

住宅型は介護サービスがオプションプランということは、たくさん使うようになったらお金がかかるってことですか?

いいところに気がつきましたね。住宅型の場合、入居した当初は介護サービスの利用料が少ないので費用を抑えられます。でも、**要介護度の進行に合わせてサービスを増やしていくと、フルプランの介護型施設と変わらないか、それ以上の費用がかかる可能性も**あります。

ええ〜っ!　それは落とし穴ですね。

■ 高齢者施設は大きく分けると2種類。それぞれの介護体制は異なる

	介護型 （介護保険施設、特定施設）	住宅型
契約	入居する施設と契約	別途、サービス提供事業者と契約
介護スタッフ	原則、施設の職員による24時間体制	施設外職員により契約した時間のみ
料金	要介護度ごとの定額制	契約内容によって変わる
ケアプランの作成	施設のケアマネジャーが担当	施設外のケアマネジャーが担当
終の棲家	なりえるケースが多い	なりえないケースもある
メリット	費用が一定額でわかりやすい 24時間切れ目なく介護を受けられる	必要なサービスのみ選択できる 要介護度が低い間は費用を抑えられる

比較すると違いがわかりますね

これを理解しておくのは施設選びで重要です

MINI COLUMN

介護型のフルプランだと思ったら……

認知症の母親を有料老人ホームへ入居させ、これで安心と思っていたXさん。ところが1年もたたないうちに施設から「出ていって欲しい」と退去を勧告されてしまいました。母親の認知症が進行し対応できないというのです。改めて入居時の書類を確認したところ、その施設は「住宅型」の有料老人ホーム。母親の状態は、書かれている退去の要件に当てはまるのです。有料老人ホームは介護付きだと思い込んでいたXさんは、再度、施設探しをすることになりました。

「退去」と言われる
主な理由

1 日常的に医療行為が必要となったとき

2 他の入居者とのトラブルが増えたとき

3 体の変化によって施設での対応が難しくなったとき

フルプラン＝介護型と、オプションプラン＝住宅型の施設があることは
わかりましたが、具体的にはどんな施設があるんですか。

主な施設をまとめたのが右ページの表です。人気が高いのは、**フルプラ
ンの介護型で公的施設の特別養護老人ホーム**です。

いわゆる「特養」ですね。でも、人気が高くてどこの施設も何百人
も待っている人がいると聞いたことがあります。

かつては、そんな時代もありましたが、最近はそれほどではありません。
ただ、要介護３以上という入居の要件があります。

介護型の民間施設の場合は、やっぱり費用が高くなりますか？

都市部では入居一時金が高額な豪華施設もありますが、費用が高い
からといって介護が手厚いとは限りません。民間の**介護付き有料
老人ホーム**の費用は立地条件や設備しだいなので、施設の特徴と
希望する条件、予算を総合的に考えることがポイントです。

もう１つの**グループホーム**ってどういう施設ですか？

認知症の高齢者が５〜９人の少人数で共同生活を送りながら、介
護を受ける施設です。家庭的な雰囲気の中で穏やかに過ごせるように
と考えられた施設で、NPO法人や医療法人、社会福祉法人などが
運営している施設も多く、費用も比較的抑えられています。ただし入
居には、施設と同じ市区町村に住民票があることなどの条件があります。

「サ高住」へ入居しているという話も、よく聞きます。

正式名称は「サービス付き高齢者向け住宅」。必ず付いてい
るサービスは**安否確認と生活相談のみで、本来は施設ではなく
住宅**なんです。夜間はスタッフが常駐しないところもあります。

お金が安くて介護が手厚いのはここかな？

■ 主な高齢者施設の特徴と費用の目安

種類	運営	名称 （通称）	特徴	費用の目安	
				入居時	月額
介護型	公的施設	特別養護老人ホーム（特養）	低コストなので一番人気。要介護3以上で、常時介護が必要な人のための施設	なし	5〜15万円
	民間施設	介護付き有料老人ホーム	24時間体制で介護サービスを受けられる。費用には差があるが高めの施設が多い	0〜1億円	10〜40万円
		グループホーム	認知症の高齢者向け。基本的に住民票がある自治体の施設でないと入居できない	0〜100万円	12〜18万円
住宅型	民間施設	住宅型有料老人ホーム	介護が必要な場合は、外部の事業者と別途契約。施設ごとに内容や費用は異なる	0〜1億円	10〜40万円+介護費
		サービス付き高齢者向け住宅（サ高住）	安否確認と生活相談サービスを受けられる賃貸住宅。介護サービスは別途契約	0〜数十万円	8〜20万円+介護費

フルプラン

オプションプラン

サ高住も住宅型有料老人ホームも、オプションタイプの住宅型だから介護サービスは別契約なんですよね、何が違うんですか？

いい質問です！　確かに、この違いはわかりにくいです。結局は、それぞれの**施設ごとに行うケアの内容は異なります**。ですから、**見学が欠かせないんです**。

それに、サ高住にも**「特定施設」**指定があるところもあります。指定を取っている施設なら、フルプランの介護型と同様のサービスを受けられるので、施設ごとに確認してください。

103

まずは、どこのエリアで探すかを決める

☑ 施設の場所は親の地元？　子どもの近く？
☑ 親の意向を重視するのが基本

施設のタイプはわかりましたが、その中からどう選べばいいのかということに、また迷ってしまいます。

私がいつも皆さんにアドバイスしているのは、**①エリア、②介護内容、③費用、この順番**で施設を絞り込んでいくこと。適当な施設が見つからない場合は、場所を広げてもう一度検討してみてくださいとお伝えしています。

「エリア」が一番なんですね。

親と同居や近居をしている場合は、近隣で探すのが一般的です。しかし遠距離に住んでいる場合は、親の地元、子どもの自宅近く、家族みんながアクセスしやすい場所など、考え方はいろいろあります。

そっか〜。だったら、子どもが会いに行きやすい場所がいいですよね。

ところが、親の地元が少なくないんです。というのは、地域が変わると方言や料理の味付けが変わってなじめないことがあるから。**ずっと同じ地域で暮らしてきた親の場合、地元を離れることはリスク**なのです。

確かに、しょうゆひとつとっても地域によって違いますからね〜。

ただ、親が**医療的ケアを頻繁に必要とする場合は、子どもの近く**がいいかもしれません。というのは、入院するとどうしても家族の対応が必要になるため、そのたびに駆けつける必要があるからです。

 介護内容はP103にある施設のタイプ別で考えればいいんですよね。

 そうですね。今だけでなく、将来、要介護度が上がったときのこともイメージして選ぶ想像力も必要です。

 費用が一番の問題かと思いましたが、最後なんですか。

 もちろん費用も大切ですが、**生活する場なのでエリアや介護内容といった条件から探していく**のが「こんなはずじゃなかった」とならないためのポイントです。

■ 施設選びの検討順位

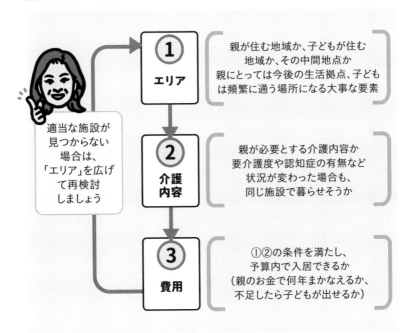

上手に使えば紹介業者の利用もアリ

CHECK!

☑ まずはインターネットで情報収集
☑ 紹介業者はメリットとデメリットを理解して活用

 今どき情報を探すなら、まずインターネットですね。

 検索エンジンで上位に表示されるページの多くは民間の紹介業者のサイト。場所や費用などの条件を入力すると、候補となる施設を一覧にしてくれる機能などがあるので便利だと思う人も多いようです。

 施設探しの、サポートなどもしてくれるんですよね。

 はい。施設探しの相談をしたり、見学の手配をしてくれます。通常、依頼しても費用がかかることはありません。

 それって、**すごくいい**じゃないですか。使わない手はありませんね。

 ちょっと待って！ **業者はボランティアではありません。**相談者に費用は請求しませんが、その代わりに契約が決まると施設から成功報酬を受け取る仕組みのところが多いです。そこを認識して利用してください。

 それって、**手数料が高い施設を積極的にすすめてる**ってことですか？

 そうですね。そういうことがないとは言い切れません。

え〜、そうなんですか。高齢者施設に詳しいと思って、全面的に信頼してしまいそうでした。

 不動産業者と違い、資格も免許も必要ありませんから、業者はもちろん相談員も千差万別と考えたほうがいいでしょう。

 紹介業者に当たる以外に情報を集める方法ってあるんですか？

 介護について困ったことがあったら、まず**地域包括支援センターへ行ってみてください**。自治体によっては施設のパンフレットなどを作成しているところもありますし、**民間の業者では紹介してくれない公的施設（特別養護老人ホームなど）の情報**も聞くことができます。

 なるほど！　**民間の紹介業者は公的施設を教えてくれない**んですね。

 近所の人や、地元に住み続けている昔の同級生といった**知人の口コミも情報源としては重要です**。身近な家族や親族が施設に入居している人に話を聞くと、きっと参考になることがあるはずです。

施設見学は子どもが メインで段取り

CHECK!

☑ 少なくとも3カ所、 できれば5カ所の見学を
☑ 見学だけでなく体験入居でのお試しも

 施設を決めるときは、**見学に行かなくちゃいけません**よね?

 もちろんです! 実際に見学に行ってみると、パンフレットやサイトを見ただけではわからないことをたくさん発見できます。**少なくとも3カ所、 できれば5カ所くらいの施設を見学**してください。

 3〜5カ所を見学する時間を作って実家へ帰るのは難しい、という人も多いんじゃないでしょうか。

 そういう人は「施設とはどんなところか」ということを知るために、親を呼び寄せる予定はなくても**自分の生活圏にある施設へ見学に行ってみる**といいですよ。設備や介護サービスの様子を実際に見ることで知識量が増えますし、費用についても説明を受けると仕組みを理解できるようになります。いわば「予行演習」ですね。

 それ、いいですね。**はじめての見学だと「へぇ〜」「そうなんだ〜」で終わってしまい**、質問などできなそうですもん。

 できれば親子一緒に見学に行くのがベストですが、親の体調によっては難しい場合もあるでしょう。まずは子どもだけで見学し、絞り込んでから親も一緒に行くというのが現実的かもしれません。

具体的には、どんなことをチェックすればいいんですか。

 パンフレットに書かれている建物の設備、医療連携や費用の仕組みなどの説明を受けるのはもちろん、現場で実際に働いている人から日常の様子を聞いてください。民間施設では営業担当が案内してくれることが一般的です。**事前に施設長やケアマネジャーと話したいと、アポイントを取っておくといいですよ。**

 確かに**雰囲気とか、におい**は行かないとわかりませんよね。

 見学に行く**時間帯としておすすめなのがランチタイム**。予約をしておけば試食ができる施設も多くありますし、その時間になると入居している人が食堂などの共用スペースに集まってきます。食事の内容はもちろん、入居者の年齢や男女比、どのくらいの要介護度の人が多いのか、どんな介助を受けているのか、入居者とスタッフはどんな会話を交わしているのか、といったことを一度に見ることができるからです。

 食事が合わないとツラいから、ぜひ試食したいですね〜。

■ 施設見学をするときは、ここをチェック！

☑ **親と子どもが一緒に、できれば3〜5施設を見学**

☑ **営業担当だけでなく施設長（責任者）やケアマネジャーの話も聞く**

☑ **スタッフだけでなく、入居者の様子や表情もチェック**

☑ **施設内はもちろん、周辺の環境も確認する**

☑ **ランチタイムは情報の宝庫。可能なら試食も**

「重要事項説明書」を必ず読む

CHECK!

☑ 介護内容から費用のことまで施設の実態がわかる

☑ これを読まずして「聞いていない」は通用しない

 入居を検討する施設が絞り込まれてきて、より詳しく知りたいと思ったら何を見ますか？

 見学のときにもらったパンフレットとか、施設の公式サイトですかね。

 ブッブー！　それが**「こんなはずじゃなかった」のはじまり**です。

 だって、写真とか入って見やすく書いてありますよ。

 確かにひとつの資料にはなります。でも**パンフレットは入居者を募集するための広告**です。施設が伝えたい情報をアピールするものです。

 では、何を見ればいいんですか？

 家を借りたり、買ったりしたとき、**「重要事項説明書」**の読み合わせを経験したことがありませんか。高齢者施設へ入居する際も同じです。契約時には重要事項説明が行われ、内容に納得したうえで署名・捺印をして契約成立します。契約の際は読み合わせをしますが、その場になって不明点があってもやめるのは難しいですよね。ですから入居を検討するならば、**早い時期に入手してしっかり読んでおきましょう。**

■ 「重要事項説明書」には、こんなことが書かれている

書類の全体は
「1.事業主体概要」
「2.有料老人ホーム事業の概要」
「3.建物概要」
「4.サービスの内容」
「5.職員体制」
「6.利用料金」
「7.入居者の状況」
「8.苦情・事故等に関する体制」
「9.入居希望者への事前の情報開示」
「10.その他」の項目で構成されている

居住の契約方式について記載
・利用権方式→住まいとサービスが一体。入居者の死亡で契約は終了
・建物賃貸借方式→入居者の死亡で契約は終了せず、居住権が継続
・終身建物賃貸借方式→建物賃貸借方式だが、入居者の死亡で契約が終了

6. 利用料金
（利用料金の支払い方法）

居住の権利形態【表示事項】	1　利用権方式	
	2　建物賃貸借方式	
	3　終身建物賃貸借方式	
利用料金の支払い方式【表示事項】	1　全額前払い方式	
	2　一部前払い・一部月払い方式	
	3　月払い方式	
	4　選択方式※該当する方式を全て選択	1　全額前払い方式
		2　一部前払い・一部月払い方式
		3　月払い方式
年齢に応じた金額設定	1　あり　　2　なし	
要介護状態に応じた金額設定	1　あり　　2　なし	
入院等による不在時における利用料金（月払い）の取扱い	1　減額なし	
	2　日割り計算で減額	
	3　不在期間が＿＿日以上の場合に限り、日割り計算で減額	
利用料金の改定	条件	
	手続き	

費用の改定がどのような条件・手続きで行われるのかが書いてある

入居後の入院などで長期不在になったときの、費用の支払いルールが書いてある。トラブルの元になりやすいポイントなので要チェック

家賃など利用料金の支払い方法が書いてある。「一部前払い」とは入居一時金のこと

難しそう!!

難しそうな書類ですが、素人が読んでも理解できますか？

 比較的わかりやすく書かれていますから安心してください。書類形式の細部は自治体や事業所によって多少異なりますが、基本的には**厚生労働省の標準様式に基づいて作成されているため、どの施設もほぼ同じ。迷っている施設があったら比較してみる**のもいいですね。

 契約前にもらえるんですか。

 もちろんです。見学をして候補になりそうだと思ったら、遠慮なく「ください」と言えばいいのです。都道府県のホームページで施設を一覧にして重要事項説明書を公表しているところもあるので、より早い段階で確認したい場合は検索してみてください。

 で、どんなことが書かれているのですか。

 運営している法人や事業の概要、建物・介護サービス・医療連携の内容はもちろん、職員の体制、利用料金の支払い方法や一時金の有無、入居者の状況など、ハード面からソフト面まで入居者やその家族が知っておきたいあらゆることが、客観的な文章や数字で説明されています。**パンフレットと併せて見ることで、施設の本当の姿が理解できます。**

■ 「重要事項説明書」のここは絶対にチェック！

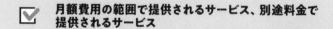

☑ 入居一時金がある場合は、償却期間や返還金、保全措置、クーリング・オフの設定

☑ 月額費用の範囲で提供されるサービス、別途料金で提供されるサービス

☑ 「入居者からの契約解除」と「施設からの契約解除」それぞれの条件

でも理解する前に、途中で挫折しそう。

その気持ちはわかります。でもそもそも高齢者が読むように作成された書類なので、**現役世代だとそれほど難しくはありません**。いくつかの施設を比較検討とかすると、結構違いがわかり興味深いですよ。

難しくないならよかったです。サービスの内容まで書かれているなら大事ですもんね。

その通りです。**後になって「そんなこと知らなかった」「やってくれると思っていた」は通用しません**。パンフレットに書かれていた費用より請求額が高い、通院の付き添いもしてくれると思ったのに……などは、重要事項説明書をきちんと読んでいれば避けられることです。トラブルにならないよう、ここはしっかり押さえてください。

わかりました！　面倒だけどしっかり読んで、**わからないことはしっこく聞くこと**にします。

「入居一時金」は
支払ったほうがいい?

CHECK!

☑ 入居一時金は家賃の前払い
☑ 長く入居するなら支払ったほうがトクなケースもある

 どうして施設へ入居するときは、あんなにお金がかかるんですか? **都心部だと何千万円もかかります**よね。

 有料老人ホームの入居一時金のことですね。施設介護はお金がかかる……、というイメージを抱く原因のひとつです。数百万円とか、数千万円という数字を見るとびっくりしますよね。でも、これは**「前払い金」ともいい、一定期間の家賃を先に払うもの**なのです。一定期間とは、その施設にどれくらいの期間住むことになるかを想定した年月で、施設ごとに決められています。

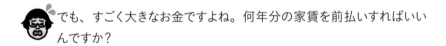 でも、すごく大きなお金ですよね。何年分の家賃を前払いすればいいんですか?

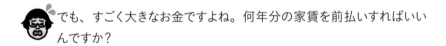 **介護専用の施設では5年分程度が一般的**ですが、**住宅型では10～16年分ぐらい**と、施設により幅があります。つまり、前払い金の額だけを見て、高いとか、安いとか決めつけることはできません。**大切なのは、それが何年分の家賃かということ。**そして、前払いすると、月々払う家賃はゼロ、もしくは少なくなります。

 そうなんですね。**入居一時金＝高い施設と思い込んでいました。**では、一時金を払うほうがおトクなんですか?

誰にも寿命は読めないので、何ともいえません。ただ、前払いした年月の途中で退去、もしくは死亡したら、未償却金は戻ってきます。でも、詳しくはP116で説明しますが、入居した日から91日目に償却された金額は戻ってきません。また、**前払いした年月を超えて住み続けても追加料金は必要ないんです。**つまり、**一時金を払う場合は、"長生きするとトク"**とはいえますね。

 でも、それってわかりませんよね。

 そうですね。最近は前払いをしない、もしくは支払い方法を選べる有料老人ホームも増えています。**施設の倒産などもありますし、慎重に考えましょう。**

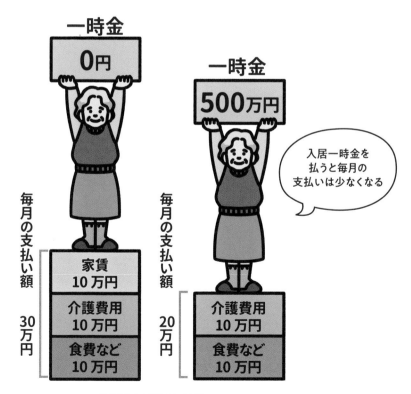

※イラストの金額はイメージです

90日以内に退去すると 入居一時金の全額が戻る

☑ 重要事項説明書で入居一時金の扱いを必ず確認
☑ 入居一時金が戻る「クーリング・オフ制度」と 「返還金制度」

 入居して1カ月もたたないうちに、親が施設になじめず家に帰りたいと 言い出したら入居一時金はどうなるのでしょう。

 高齢になってからの度重なる引っ越しは体調を崩す原因にもなります し、子どもにとっても施設探しをもう一度最初からやり直すのは大きな 負担です。退去はできれば避けたいことですが、そうなったら**即、決 断して、すぐ行動に移してください。**

 ええ〜！　そんなに急がなくちゃいけないんですか。

 はい。**90日以内に退去すればクーリング・オフ制度が適用されて、 前払い金は全額返還**(実際にかかった費用を除く)してもらうことができます。

 そうなんですね、**だったら急がなくちゃ。**

 かつてはこのような制度がなかったので、入居一時金をめぐって事業 者と入居者の間でトラブルになることも少なくありませんでした。その ため施設の入居一時金も、訪問販売などの特定商取引に適用されて いるクーリング・オフ制度の対象になったんです。

 でも、90日を過ぎたら1円も戻ってこないんですよね。

入居一時金500万円、償却期間60カ月(5年)、初期償却率40%（200万円）の場合
※償却は月単位のため5万円(60万円÷12カ月)ずつ償却される

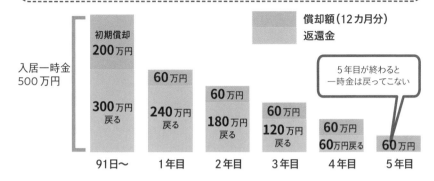

償却額（12カ月分）
返還金

入居一時金
500万円

初期償却
200万円

300万円
戻る

60万円

240万円
戻る

60万円

180万円
戻る

60万円

120万円
戻る

60万円

60万円戻る

5年目が終わると
一時金は戻ってこない

60万円

91日〜　　1年目　　2年目　　3年目　　4年目　　5年目

そんなことはありません。**入居一時金には初期償却率と償却期間が定められていて、償却期間内なら期間に応じたお金が戻ってきます。**上図の入居一時金500万円、初期償却率は40%の例で説明すると、40%の200万円はクーリング・オフ期間が終わった時点で償却され返還されません。しかし残りの300万円は償却期間の5年間、月単位で5万円ずつ減り、入居から満5年でゼロとなります。

なるほど、きちんと考えられているんですね。でも、事業者が倒産してしまったら戻ってきませんよね。

これも、これまでトラブルになりがちな問題でしたが、2021年4月からすべての有料老人ホームが、**未償却の一時金は最大500万円まで保全措置を講じなくてはいけないと法律で義務づけ**られました。

いろいろなセーフティネットがあるんですね。

これらのことは、すべてP110で説明した「重要事項説明書」に書いてあります。重要事項説明書をきちんと読んでくださいと強調したのは、理解しておけばトラブルを避けることができるからなんです。

なるほど〜。面倒がらずにちゃんと読みます。

親に金銭的なゆとりがないなら「特別養護老人ホーム」一択

☑ 公的介護施設だから費用が安い

☑ 原則として、要介護3以上でないと入居できない

 経済的なゆとりがなければ、有料老人ホームは難しいですよね？

 親の**年金も資産もわずかだけれど施設入居を希望するという場合**は、**特別養護老人ホーム（特養）の一択**と考えたほうがいいでしょう。

 でも入居待ちをしている人が多くて、**なかなか入れない**と聞きます。

 費用が安いこともあって、**要介護3以上でないと申し込めない**などの要件があるにもかかわらず人気は高いです。ただ、混み方は地域によってずいぶん差がありますし、入居できるのは申し込み順というわけでもないので、意外にスンナリ入れることもあります。

 申し込み順じゃないんですか！

 そうなんです。自治体によって異なりますが、保育園の入園方法に似たポイント制を採用しているところが多く、**必要度合いの高い人が優先されます**。また、複数の特養に同時に申し込むことができるため待機者は実数よりも多いので、思ったより早く入居可の連絡が来ることもあります。

■ 「特別養護老人ホーム」へ入居するには？

> 入居申し込みができるのは、原則として「65歳、要介護3」以上

> 入居は申し込み順ではなく、必要度合いが高い人が優先される

> 全国どこでも申し込みはできるが、住民票がある人を優先する傾向

> 入居希望は複数の特養に申し込める

 必要度合いが高い人ってどんな人ですか？

 これも自治体によって違いますが一般的には、**要介護度が高い、介護サービスをたくさん利用している、主たる介護者が高齢・遠方に住んでいる**といった点を見ているようです。

 なるほど〜。ただ特養なら費用はかなり安いだろうと思ってましたが、月15万円くらいかかりそうですね。

 特養の場合は同じサービスを受けても、住民税が課税なのか非課税なのかや、本人または夫婦の預貯金の額などによって料金は異なるんです。年金が少なく、預貯金もほとんどないというケースでは、**軽減制度の適用を受けることができます。**（詳しくはP140）。入居させたいと思ったら、年金額などがわかる資料を持って、親の住所地の役所の高齢者支援を担当する窓口へ相談に行くといいですよ。

 何も行動しないで、あきらめちゃダメってことですね。

 住民票のある人が優先される傾向はありますが、特養は日本全国どこでも申し込めます。子どもの住所地への呼び寄せも考えているのならば、さらに候補を広げて申し込むという手もあります。

施設入居後も
子どもの役割は続く

☑ 施設入居は介護の終わりではない
☑ 目を光らせつつ、 施設と円滑な関係を築く

 施設へ入居したら、子どもの役目はあまりなくなりますか?

 そんなことはありませんよ。最初に、介護は「ひとつのプロジェクト」だとお話ししました。**施設への入居はプロジェクトのミッションのひとつであって完了ではありません。**施設へ入居しても、子どものマネジメントは続きます。

 そうでした。施設へ入ったら、どうマネジメントすればいいですか?

 まず1つ目は「精神的なケア」。特に施設に慣れるまでの間はできるだけ訪問し、足りないものはないか、施設の暮らしになじめているかなど要望やグチを丁寧に聞きましょう。**2つ目は「施設との窓口」**です。親から聞き取った話の中で、必要だと思うことは施設に伝えます。逆に施設から連絡が入り、対応しなくてはいけないこともあるでしょう。いずれにしても、**入居したからといって施設に任せっぱなしにしない**ことが、提供される介護の質を担保することにつながります。

 お金は子どもが管理したほうがいいですか。

 入居時の親の状況にもよりますが、親本人が管理することが難しければ、子どもが代行したほうがいいですね。

■ 施設入居後の子どもの役割

① 精神的なケア

② 施設との窓口

③ お金の管理

＋

身元保証人としての役割

費用の支払い保証	意思決定の代行
緊急時の連絡先	退去手続きや遺体・荷物の引き取り

など

 施設に入居するときは身元保証人が必要と聞きました。

 身元保証人になる家族がいない場合を除くと、**一般的には子どものうち1人が身元保証人になります**。施設入居後の子どもの役割と重なる部分もありますが、費用の支払い保証、病気の際などの意思決定の代行、逝去手続きや荷物の引き取りなどについて責任を持つ必要があります。

 確かに、入居してからもいろいろやることはありますね。

 入居者の家族で構成する「家族会」や、家族を招待する行事がある施設も多いです。そうした機会には積極的に参加して**スタッフと良好な関係を築くことが、親がよいケアを受けられることにつながります**。

民間の老人ホームでかかる費用の目安は?

　高齢者施設は、さまざまなタイプがあるので、かかる費用も施設の設備や受けるサービスの内容によって大きく変わってきます。ここでは、施設に入居すると毎月どのくらい費用がかかるのかをざっくり説明していきます。下の表は、要介護3の人が介護付き有料老人ホームに入居した場合の例。注目すべき点は、介護保険適用外の費用です。居住費が家賃にあたる費用となり、施設設備や部屋のタイプによって変わります(入居一時金を支払うことで月額の費用を抑えることができます)。日常生活費は、シャンプーやティッシュ、オムツなどの身の回りの消耗品費、イベント費などは利用するごとにかかります。上乗せ介護費・サービス加算は、24時間の看護体制や職員配置が手厚いなどのルールに即して費用が上がっていきます。身の回りの消耗品は、持ち込めるところと、施設支給のもの限定というところがあります(ちなみに、特養ではおむつ代なども介護費に含まれているのでリーズナブルです)。

● 介護付き有料老人ホームの1カ月費用の目安例

要介護3(1割負担)・入居一時金 300万円を支払った場合		かかる費用	金額
介護保険適用		施設介護サービス費負担額	2万7048円
介護保険適用外	毎月の固定費	居住費	7万円
		食費	4万2000円
		管理費(水道光熱費など)	2万円
	個別にかかる費用	日常生活費	1万3000円
		イベント費	4000円
		病院への付き添い(月2回)	1万2000円
		上乗せ介護費	1万円
		サービス加算	2万円
		医療費	5000円
		合計	22万3048円

5章

損をしないために
これだけは知っておく、
介護のお金

5-1

3つの「ない」では
うまくいかない!

CHECK!

☑ 介護のお金は親のお金を使う
☑ 介護に親のお金を使うことに罪悪感を抱く必要はなし

 子どもが親の介護をサポートするためのサービスの利用や、高齢者施設のことなどはわかってきたのですが、実際介護にいくらかかるのか、お金についてもう少し詳しく知りたいです。

 そうですね。まず、大前提として「**親の介護は親のお金で**」と、覚えてください。

 はい。冒頭でもそう理解したので、わかっているのですが、やっぱり援助しないと**"親不孝なのでは……"と罪悪感を抱く人が多い**と思うのですが……。

 もちろん、資金に余裕がある人でしたら援助することに問題はないと思います。ただ、介護は子育てと違って**何年後に終わる、と区切りが決まっていません**。1回あたりが少額な負担だとしても、それが何十年も続くとしたらその費用は大きなものになります。それに、**介護サービスは、あくまで支援や介護が必要になった「親」が必要で受けるもの**。生活を続けるために必要な生活費の一部と考えれば、**親が自分でお金を出すのは当然なこと**だと思います。

 確かに……。元気なときは、資金援助していなかったのに、**介護の費用は子どもが出さないと悪いと感じる**のは違和感がありますね。

3つの「ない」ではうまくいかない!

1 どの(誰の)お金で介護するのか計画していない

2 どんなお金がかかるのか知らない

3 介護費用を軽減する制度を知らない

 子どもの役割は、**親のお金が正しく使われるように、マネジメントをする**ということなんですよ。

 親のお金が正しく使われる……。 う──んイメージが。

 よく、私がお話ししているのは、「3つのない」ではうまくいかないということです。まず1つ目は、どの(誰の)お金で介護をするのか**計画をしていない**。これは、先ほどお伝えした通り、**介護は親のお金を使うということを基本ルール**としてください。2つ目は、どんなお金がかかるのかを**知らない**。介護サービスの費用やそれ以外にどんな費用がかかるのか、施設へ入居することになれば、その負担がどのくらいになるのかを知ることです。こういった情報を整理していくのは、子どものほうが得意なのではないでしょうか。

 確かに! 情報収集したり、整理したりは子どものほうが絶対向いていますよね。

 3つ目は、介護費用を軽減するための**制度を知らない**。

 軽減するための制度。 それは重要ですね。

 この章では、**医療費や介護費などを軽減する制度を詳しく解説し**ていきますね。

5-2

「いくらかかるか」ではなく
「いくらまでかけられるか」

CHECK!

☑ 介護サービスの利用は予算の範囲内で考えること
☑ 一般的な費用はあくまで目安。
　実際にかかる費用は人それぞれ

 どんなお金がかかるかを知るために、介護にかかる費用の目安などがあれば知りたいのですが、そういった金額ってわかるものですか?

 そうですね。よく介護にかかる費用として登場するのは、生命保険文化センターの調査結果です。1カ月にかかる費用の平均は8万3000円で、**在宅介護の場合は4万8000円。施設介護では12万2000円**です。

 施設だと在宅の2倍以上なんですね〜。**やっぱり施設はお金がかかる**ということでしょうか?

 そう思う方がほとんどだと思います。ですが、この**費用はあくまでも参考程度**と考えてください。その理由は、**施設の費用は、家賃にあたる費用も含まれている**ので在宅介護より費用が増えるのは当然です。たとえばという話になりますが、賃貸物件で家賃を支払いながら、在宅介護サービスの利用をしていた親が、施設へ入居したらどうなるでしょう。特養だとすれば入居するほうが安くなるケースもあります。**その人が置かれている状況にもよるので、一概に高い安いとはいえません。**

 なるほど〜。なんだか複雑ですね。

月々の介護費用は？ 平均8万3000円

| 在宅 | 4万8000円 |
| 施設 | 12万2000円（家賃含む） |

費用は平均値ではなく「親がいくらなら支払えるのか」の考え方で

出典：公益財団法人生命保険文化センター
「令和3年度　生命保険に関する全国実態調査」

そうなんです。**介護には100人いれば、100通りのケース**があり、**かかる費用も人それぞれ**のため、一般的にいわれている金額が必ずしも自分の親に当てはまるとは限りません。**介護にかかる費用で大切なことは、「いくらかかるのか?」ではなく「いくらまでかけられるのか?」**ということ。

いくらまでかけられる？

つまり、**親の収入や資産でまかなえる範囲で利用できるサービスの利用を考えよう**ということです。下記を確認し、**「いくらまでかけられるか」**をきちんと精査することができれば、その範囲内でのサービス利用を考えることで、「お金が足りなくなった！」という悲劇を避けることができます。

■ 知っておくといい、親のフトコロ情報（例）

- ☑ **預貯金額（金融機関名、キャッシュカードの有無）**
- ☑ **月々の年金額**
- ☑ **株式や投資信託など**
- ☑ **不動産**
- ☑ **ローンや負債額**
- ☑ **民間医療保険や生命保険（保険証券の保管場所）**

親のフトコロ事情は
どうやって確認する?

CHECK!

☑ まずは年金額を把握して毎月使える介護費用を確認
☑ 105歳まで生きた場合に使える介護費用を
シミュレーション

いくらまでかけられるのか?　ということは理解しましたが、その目安を知るには、**親がどのくらいのお金を持っているのかを明らかにしないとダメってことですよね?　「いくら持っている?」って突然聞いたら引かれますよね。**

そうですね。P127の下表の項目については知っておきたいですが、突然「貯金はいくらあるの?」とは聞きにくいですよね。そこで、まず、**月々の公的年金額を聞いてみましょう。**年金額くらいなら話してくれるかもしれません。

なるほど〜。だいたいの金額でいいですよね?

そうですね。ひとつ注意して欲しいポイントは、公的年金の支給は2カ月に1回になります。なので、**親が1回あたりの年金額を40万円受給していると教えてくれたら、2で割ることで、1カ月あたりの金額がわかります。**

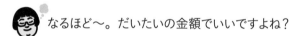
年金の受給って2カ月に1回なんですね。知らなかったです。

毎月かかる費用は、公的年金から支払うことに決めるなど、**ルール化する**といいでしょう。

■ 1年間に使えるお金をシミュレーションしてみよう！

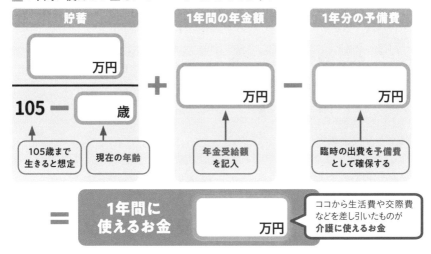

もし、**親の預貯金をざっくりでいいので把握できたなら、上の計算式を使って**1年間で介護費用をいくら使えるのかをシミュレーションしてみてください。現在の親の年齢・貯蓄額・毎月の年金額を当てはめると1年間に使える金額がわかります。**その費用から、生活費や交際費などを差し引いたものが介護に使えるお金になります。**年齢は、105歳まで生きると想定したほうがより安心です。

■ たとえば…80歳の親が105歳まで生きると想定

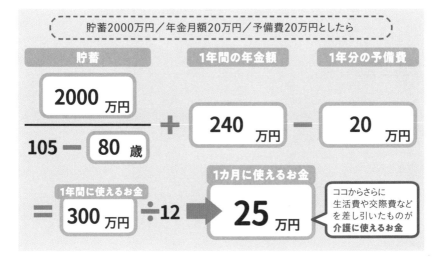

親の**年金額**などがわかれば
介護費用の**負担割合**がわかる

CHECK!

- [✓] **介護サービス費の負担割合は年間所得によって違う**
- [✓] **公的年金以外に収入がある場合は注意**

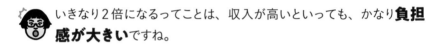 介護サービス費用の自己負担は、かかる費用の1割が基本なのですが、P47の介護保険の仕組みで説明した通り、**収入が高いと2～3割になる場合があります。**

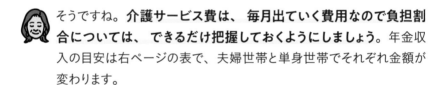 いきなり2倍になるってことは、収入が高いといっても、かなり**負担感が大きい**ですね。

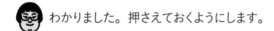 そうですね。**介護サービス費は、毎月出ていく費用なので負担割合については、できるだけ把握しておくようにしましょう。**年金収入の目安は右ページの表で、夫婦世帯と単身世帯でそれぞれ金額が変わります。

わかりました。押さえておくようにします。

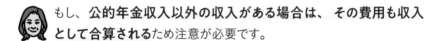 もし、**公的年金収入以外の収入がある場合は、その費用も収入として合算される**ため注意が必要です。

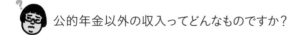 公的年金以外の収入ってどんなものですか?

たとえば、企業年金や株の配当金、不動産の家賃収入などですね。

■ 所得によって介護サービスの費用負担割合が違う（目安）

年間の収入（年金収入など）		自己負担割合
夫婦世帯	**単身世帯**	
463万円以上	**340**万円以上	**3**割
346万円以上	**280**万円以上	**2**割
346万円未満	**280**万円未満	**1**割

> 同じ要介護度でも1割の人と3割の人では介護費は3倍も違う！

年金以外の収入に要注意ですね。

介護サービス費の負担を把握できるように、子どもがフォローしてあげましょう。介護サービス費の自己負担額は、すでに要介護認定を受けている親なら**「介護保険負担割合証」**でも確認できます。

「介護保険負担割合証」とは？

要支援・要介護認定を受けた人に、毎年7月上旬以降に郵送で届く通知で、負担割合が記載されています。

■ 介護保険負担割合証（イメージ）

介 護 保 険 負 担 割 合 証		
交付年月日 **令和6年 8月 1日**		

被保険者	番 号	0000000001
	住 所	111-0000 ○○県××市△△町1丁目15番
	フリガナ	カイゴ　ハナコ
	氏 名	**介護 花子**
	生年月日	**昭和○○年7月1日** / 性別 **女**

利用者負担の割合	適用期間
1 割	開始年月日 **令和6年 8月 1日** 終了年月日 **令和7年 7月 31日**
割	開始年月日 　年 　月 　日 終了年月日 　年 　月 　日

保険者番号並びに保険者の名称及び印 ☐☐☐☐☐☐

> 介護保険サービス費の負担割合はココで確認！

親の預貯金額を知らないと 困ったことが起きる

CHECK!

☑ どんな介護ができるかは、予算ありき
☑ 認知症などになると聞けなくなる

 毎月かかる費用は年金でまかなうとしても、急な出費があったり、施設入居を決めて、まとまったお金が必要になることもありますよね。

 そうですね。年金で足りない分は、預貯金でまかないます。

 その場合、子どもが親の預貯金から必要額を引き出して支払うことになりますか?

 実は、それってとても難しいんです。**子どもといっても親の口座から勝手にお金を引き出すことはできません。**子どもが出金する方法はP154で詳しく説明しますね。ここでは、その前段階のことを考えましょう。そもそも、親がどの金融機関に口座を持っているのか、どれくらいの金額が入っているのかを知っていますか?

 んーっ……。わかりません!

 そうなんです。多くの子どもは、親のお金がどのくらいあるのかは知りません。右ページのデータを見てもわかるように、50代後半でも知っているのは4割前後です。でも、知らないままでいると将来的に、非常に困ることになるんですよ。

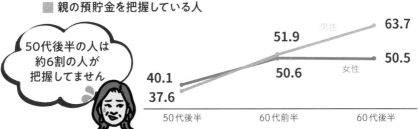

■ 親の預貯金を把握している人

（％）

50代後半の人は約6割の人が把握してません

男性 63.7

51.9

50.5

40.1

50.6

女性

37.6

50代後半　　60代前半　　60代後半

出典：明治安田総合研究所　2019年「親の財産管理と金融リテラシーに関するシニア世代の意識と実態」

 どんな風に？

 たとえば、親が骨折で入院するとします。リハビリを受けたものの車いすでの生活に。しかも、判断力は大幅に低下してしまい、退院後は高齢者施設に入居してもらおうと考えるとします。

 場合によっては認知症のような症状が出ることもありますよね。

 そうなんです、親本人が自分のお金がどこにどれくらいあるか、わからなくなることがあります。そうなると、まず、子どもは入院費用の支払いに困り、さらに、施設といってもどれくらいの価格帯のところを選べばいいか決められないことに。

 恐ろしい！

 親が元気なうちに、「いざというときは、どのお金を使えばいい？」と聞いておきましょう。そして、**総額でどれくらいの蓄えがあるかを知っておくことも大事**です。

 親にどう言って聞けばいいんですか。

 ここまでお話ししたような内容を伝えましょう。子どもが自分のことを心配して聞いてくれているとわかれば、少しずつ話してくれると思います。せめて**「いざというときのために、どこかわかる場所に書いておいて！」とお願いを**。一緒にキャッシュカードの保管場所と暗証番号も書いておいてもらうと一定額は引き出せるので助かります。

5-6

非課税世帯なら医療費・介護費が安くなる

CHECK!

☑ 非課税世帯なら医療・介護にかかる費用が安くなる
☑ 親が非課税世帯かを確認しておく

 ここでは、収入によって医療費や介護費の負担額が安くなるということを説明していきます。

 負担額が安くなる？ **もしかしておトクな話ですか?**

 収入が少ない場合に、自己負担が軽減されるという話です。

 収入が少ないと軽減があるのですね。助かりますね!

 どんな人が対象で、どんな費用が安くなるかを中心に解説していきます。対象となるのは**「住民税非課税世帯」**の人です。

 住民税非課税世帯?　いきなり税金の話ですか……。

 順番に説明しますね。まず、**住民税とは市区町村に個人が納める税金**のことで、親世代は、公的年金から天引きされています。この税金は、所得が一定額以下の人は支払いが免除されます。そして、**世帯に所属する全員が住民税の支払いを免除されている場合、医療費や介護費などの負担が軽減**されます。

 世帯に属する全員というのはどういう意味ですか?

■ たとえば…非課税世帯で安くなる費用は？

	課税世帯	非課税世帯	
1カ月あたりの医療費負担の上限額	5万7600円	2万4600円	医療費負担上限額が57%減
入院時の食費	1日／1380円（1食あたり460円）	1日／630円（1食あたり210円）	10日間入院した場合、食費が7500円安くなる
1カ月あたりの介護サービス利用料負担の上限額	4万4400円	2万4600円	介護サービス費負担上限額が44%減

 たとえば、両親が2人で暮らしていて、2人とも住民税が免除になっている世帯は、「非課税世帯」となります。でも父親の年金収入が一定額より高く、住民税を支払っているなら「非課税世帯」にならないため、**住民税非課税の母の介護費用が軽減されることはなくなります。**

 なるほど。親が1人で暮らしているなら、世帯は、あまり意識しなくてもいいですね。

 そうですね。**65歳以上の1人暮らしの親の場合、年金収入のみで155万円以下は非課税というのが目安です。**

どんな費用が安くなるのかは、上図に例をあげました。**医療費と介護サービス費は、自己負担の上限額が決まっていて、その額を超えた分については取り戻すことができる制度**があります。非課税世帯は、この上限額が低くなるため、その分、費用負担が軽くなります。また、「**入院時食事療養費**」の制度を利用すると、**入院時の食費が安くなります。**この制度は事前の手続きが必要なので、市区町村窓口に問い合わせるようにしましょう。

 医療費と介護サービス費を取り戻せる制度が気になります！

 この制度については、P142で解説しますね。

介護サービス費以外にも かかるお金があることを知ろう

CHECK!

- ☑ 介護費は介護サービス費だけではない
- ☑ 要介護度が上がるほど介護サービス費以外の負担も大きくなる
- ☑ 介護サービス費以外にかかるお金は何?

介護にかかるお金は、介護サービス費以外にもある気がするのですが、どんなものがあるのでしょうか?

実は、**介護サービス費以外にかかる費用が意外と大きいということがあるんです。**

そうなんですか! それは、中身を知っておくべきですね。

右ページのグラフは、家計経済研究所の「在宅介護のお金と負担」の介護サービスへの支出額と、おむつや介護食などの介護用品への支出を要介護度別に表したものです。このデータによると、ほとんどの要介護度で介護用品への支出が介護サービス費と大差がない結果になっています。

介護サービス費は、介護保険で費用を抑えることができるけれど、他にもかかる費用はあるんですね。

そうですね。介護用品にかかる費用は、要介護度が上がるほど高くなっていきますね。

親のお金だけで払えるかな?

■ 在宅介護でかかる1カ月あたりの介護サービスへの支出と
　介護用品（おむつ代や介護食など）の支出の平均額

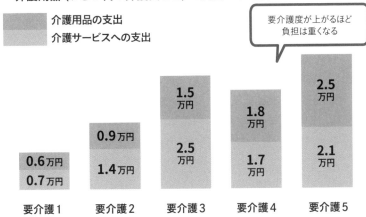

介護用品の支出
介護サービスへの支出

要介護度が上がるほど
負担は重くなる

		1.5万円		2.5万円
	0.9万円	2.5万円	1.8万円	2.1万円
0.6万円	1.4万円		1.7万円	
0.7万円				
要介護1	要介護2	要介護3	要介護4	要介護5

出典：家計経済研究所「在宅介護のお金と負担　2016年調査結果」

 下図のデータは、働いている子どもが、介護を必要とする親に対し、どんな費用の負担をしているかを表しています。中には、**介護にかかるお金だけじゃなく、生活費や病院にかかる費用まで負担している子どももいます。**でも、「負担していない」が半数以上ですよ。

■ 介護を必要とする親にかかわる費用負担の有無（就労中の子ども）

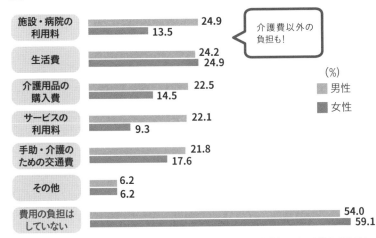

介護費以外の
負担も！

（%）
■ 男性
■ 女性

	男性	女性
施設・病院の利用料	24.9	13.5
生活費	24.2	24.9
介護用品の購入費	22.5	14.5
サービスの利用料	22.1	9.3
手助・介護のための交通費	21.8	17.6
その他	6.2	6.2
費用の負担はしていない	54.0	59.1

出典：三菱UFJリサーチ＆コンサルティング（株）「仕事と介護の両立に関する労働者アンケート調査」2012年

確かに、半数以上の人は負担していませんね。でも、実家が遠いと交通費がかかりますね。心づもりをしておかなくちゃですよね。

 次に、右ページの図で介護サービスを受けたときに、全額自己負担となる費用について、具体的に解説していきますね。訪問介護の場合、**おむつ代やガーゼ代などの消耗品については、介護に必要なものであっても全額自己負担**になります。いうまでもありませんが、**調理をサポートしてもらう場合の食材費も自己負担**です。でも、おむつ代については、費用を抑える方法がありますよ。

 ぜひ知りたいです！

 おむつ代については、**現物給付として紙おむつを支給する自治体と、購入費の一部を助成する自治体があります。**でも**自治体ごとに行っているサービスは異なる**ので、おむつのサービスは実施していないところもあります。詳しくは、ケアマネジャーや地域包括支援センターへ相談してみましょう。

デイサービスなどの通所サービスを利用した場合は、食費やおやつ代、レクリエーション活動の費用は、全額自己負担になります。一方で介護保険でのショートステイや特別養護老人ホームなどに入居した場合は、おむつ代は介護費に含まれています。宿泊費はかかりますけど。

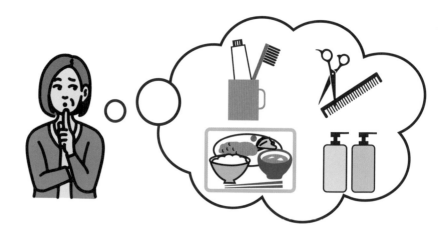

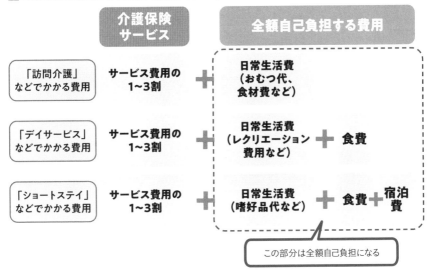

この部分は全額自己負担になる

ショートステイの場合は、おむつ代は無料！　でも宿泊費はかかるんですね〜。

そうですね。ショートステイは、施設へ泊まる形になりますからホテルへ宿泊すると考えれば、宿泊費は支払う必要がありますよね。

ざっくりいうと、**要介護じゃなくても必要なもの、つまり、食事、レクリエーション活動、宿泊費などは、自分でお金を払う必要がある**ということでしょうか。

はい、そのイメージに近いです。その他に、**病院で治療が必要になれば、医療費がかかる**ことも忘れずに覚えておきましょう。

そうですね。年を取るほど、病院にかかる頻度は高くなりそう。

医療費と介護サービス費については、高額になると一定額は取り戻せる制度（P142参照）がありますし、非課税世帯の場合は、費用負担が軽くなる制度もあるのでうまく利用するようにしてください。

住民税非課税なら**特養やショートステイの部屋代・食費が軽減される**

CHECK!

- ☑ 公的施設の部屋代・食費が軽減される条件を知る
- ☑ 条件には預貯金額も影響する

 介護保険で入居する特別養護老人ホームやショートステイなどでは、住民税非課税世帯なら、部屋代・食費が軽減される制度があります。

 本来全額自己負担となる部分が安くなるのですね。ぜひ知りたいです。

 「特定入所者介護サービス費」といい、所得の低い人が市区町村に申請をすれば、部屋代と食費が軽減される制度です。

 どのくらい軽減されるのですか?

 たとえば、単身の親が住民税非課税で、年間の年金収入が80万円以下、預貯金額が650万円以下の場合、通常1日あたりの部屋代2066円、食費は1445円の負担になるところ、部屋代は880円、食費は390円まで軽減され、**1カ月あたり6万円以上安くなります。**

 親の所得が低くても、**制度を使えば何とかなるということですね。**

 手続きなどの詳細については、地域包括支援センターやケアマネジャーあるいは直接施設に相談してくださいね。

■ 公的施設の利用なら食費と部屋代が軽減される

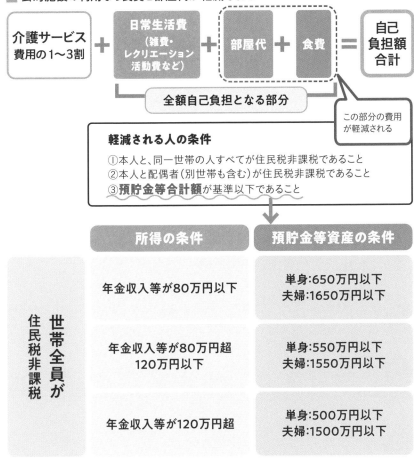

軽減される人の条件

①本人と、同一世帯の人すべてが住民税非課税であること
②本人と配偶者（別世帯も含む）が住民税非課税であること
③預貯金等合計額が基準以下であること

	所得の条件	預貯金等資産の条件
世帯全員が住民税非課税	年金収入等が80万円以下	単身：650万円以下 夫婦：1650万円以下
	年金収入等が80万円超120万円以下	単身：550万円以下 夫婦：1550万円以下
	年金収入等が120万円超	単身：500万円以下 夫婦：1500万円以下

たとえば……
特別養護老人ホームの住居費と食費の軽減を受けると（ユニット型個室の場合）

	軽減前	軽減後	
1カ月あたりの居住費	6万1980円	2万6400円	1カ月あたり3万5580円安くなる！
1カ月あたりの食費	4万3350円	1万1700円	1カ月あたり3万1650円安くなる！

※上記は負担限度額の例。実際は施設によって異なる

141

医療費や介護費は払い過ぎた分は戻ってくる

CHECK!

☑ 1カ月にかかった医療費が一定額を超えた分は戻ってくる
☑ 1カ月にかかった介護費が一定額を超えた分は戻ってくる
☑ 1年でかかった医療費と介護費を合算して、一定額を超えた分は戻ってくる

 私なんてめったに病院へ行きませんが、年を取ると病院に行くことも多くなるんですよね。

 そうですね。かかりつけ医への日常の通院だけでなく、入院したりもしますから医療費はかさみがちです。

 私たちは病院へ行くと窓口で3割負担しますが、高齢者も同じでしたっけ？

 75歳以上の負担割合は1割（現役並み所得の人は2～3割）です。**全員後期高齢者医療制度**に加入します。健康保険が子どもの扶養になっていた場合は外す手続きが必要です。

 負担割合が1割でも、入院すると結構な負担ですよね。

 後期高齢者にも**「高額療養費制度」**があり、現役世代より手厚くなっています。**1カ月の自己負担額には上限があって、一定以上の負担は生じない仕組み**です。限度額は、「収入」ではなく「所得」で区切られます。収入から「公的年金等控除」などを差し引いた額が「所得」です。

たとえば、下図の所得区分「一般」の人が医療費が100万円かかると、本来の支払い額は10万円ですが、外来＋入院の上限額が5万7600円と決まっているので、それだけ払えばOKです。

 半額近くも負担が軽くなるんですね！　何か手続きが必要ですか？

 所得区分が一般なら「後期高齢者医療保険証」を出すだけで、限度額までの支払いになります。ただし**住民税非課税世帯の場合は「限度額適用・標準負担額減額認定証」を入手**（※）しないと、窓口での支払いに限度額は適用されませんから、早めに申請しましょう。

※現役並み所得者の場合は「限度額適用認定証」が必要

 「高額療養費制度」の1カ月の自己負担上限額（75歳以上の場合）

所得区分 ※1		1カ月の上限	
		外来（個人ごと）	外来＋入院（世帯ごと）
住民税非課税	（下記以外）	8000円	2万4600円
	（公的年金収入80万円以下など）		1万5000円
一般（世帯全員が課税所得145万円未満）		1万8000円 ※2	5万7600円 ※3
現役並み所得者	（課税所得145万円以上380万円未満）	8万100円＋（10割分の医療費−26万7000円）×1%　　※3	

※1　課税所得380万円以上の場合はさらに高く、「生活保護受給」の場合はさらに低くなる
※2　年間の上限は14万4000円
※3　直近12カ月のうち3回以上対象になると、4回目から4万4400円

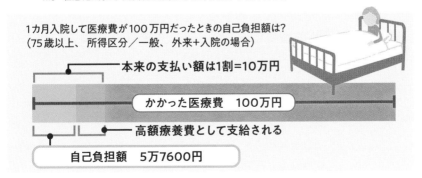

1カ月入院して医療費が100万円だったときの自己負担額は？
（75歳以上、所得区分／一般、外来＋入院の場合）

本来の支払い額は1割＝10万円

かかった医療費　100万円

高額療養費として支給される

自己負担額　5万7600円

要介護度が進むにつれて利用する介護保険サービスも増えて、お金がかかりますよね。

介護の必要度合いが重くなると生活のさまざまな場面でサポートが必要になりますから、介護保険サービスの利用料も高くなりがちです。

でも収入はたいてい年金だけだから、支払いが増えるのは不安ですよ。

そんな人のために、**医療費と同じように所得に応じて支払い額の上限**を設定した**「高額介護サービス費」**という制度があります。たとえば、右ページの例で見ていきましょう。母親の収入は公的年金のみで本人は住民税非課税ですが、父親の収入が高く、世帯で見たときの所得区分は「一般」です。ということは、1カ月の介護保険サービス利用額の上限は4万4400円。これに対して夫婦合わせて5万円の介護保険サービスを利用したので、差額の5600円がそれぞれの利用割合に応じて戻ってきます。

お金が戻ってくるのはうれしいのですが、自分で計算して請求しなくてはいけないのですか。私が子どもなら管理しきれません。

ですよね、安心してください。**はじめて該当したときは自治体から支給のための申請書が送付されてきます**から、振込先など必要な書類をそろえて返送すれば大丈夫。しかも**2回目からは、申請をしなくても登録した口座へ振り込んでくれます。**

2回目からは何もしなくていいんですか、それなら安心。
ショートステイも増やせますね。

ちょっと待って！　ショートステイなどの食費や宿泊費といった介護保険給付対象外のサービス、介護保険の利用限度額を超えた分については、支給対象になりませんから注意してください。それに、住宅改修費、福祉用具購入費などの利用者負担分も対象外です。

■ 「高額介護サービス費制度」の1カ月の自己負担上限額

所得区分 ※		1カ月の上限
一般（課税所得380万円未満）		**4万4400円**（世帯）
世帯全員が住民税非課税	（下記以外）	**2万4600円**（世帯）
	（年金収入80万円以下など）	**2万4600円**（世帯） **1万5000円**（個人）

※ 「現役並み所得」の場合はさらに高く、「生活保護受給」の場合はさらに低くなる

高額介護サービス費の対象にならないもの

- 介護保険の利用限度額を超えてサービスを利用した超過利用料金
- 福祉用具購入費や住宅改修費の自己負担分
- デイサービスやショートステイ利用時の食費、宿泊費、日常生活費など
- 介護保険の給付対象外の自己負担分
- 医療保険を利用したときの自己負担分

■ 介護サービス費負担上限額を超えるといくら戻る？（例）

82歳 年収300万円 要介護3 利用者負担割合：2割 **1カ月の介護保険サービス 利用額：4万円**	父

77歳 年収80万円 要介護1 利用者負担割合：1割 **1カ月の介護保険サービス 利用額：1万円**	母

高額介護サービス費の計算方法

（世帯の利用額−1カ月の上限額）×（それぞれの利用額÷世帯の利用額※）

※世帯の利用額＝1カ月の父と母の介護保険サービス利用額の合計額

父の高額介護サービス費は？

（5万円※−4万4400円）×（4万円÷5万円※）＝4480円

高額介護
サービス費として
戻ってくる

母の高額介護サービス費は？

（5万円※−4万4400円）×（1万円÷5万円※）＝1120円

※ 世帯の利用額＝4万円＋1万円＝5万円

医療費も介護費も所得に応じて1カ月の上限額があることがわかって安心しましたが、高齢になると両方とも利用することが増えますよね。

そうですね。介護度が高くなると、毎月の介護保険サービス利用料は当然高くなります。医療費も持病の悪化や転倒で入院する人が増えるなど、高齢者の方は費用がかさみやすい要素がたくさんあります。

1カ月の費用は高額療養費や高額介護サービス費の上限を超えなくても、1年を通して通院することが多かったり、介護保険サービスを利用し続けていると、合計したらまとまった金額になりますね。

そんなときのために、**1年間の医療費と介護保険サービス利用料の合計が一定額を超えるとお金が戻ってくる制度**もあるんですよ。

詳しく教えてください!

「高額介護合算療養費」という制度で、**毎年8月1日から翌年7月31日までの医療保険と介護保険の自己負担分を医療保険上の世帯単位で合算し、所得に応じた上限額を超えるとお金が戻ってくる仕組み**です。たとえば、右ページの例で見ると父親と母親の1年間の医療保険と介護保険の自己負担額の合計は64万円で、所得区分は一般なので上限は56万円ですから、8万円戻ってくるのです。

すべての領収書を保存しておいて、合計しなくちゃいけないんですね。**う〜ん、親にはハードルが高そうな作業です。**

心配しなくても大丈夫です。高額介護サービス費と同じように、**対象となる人には自治体から「支給申請書」が郵送されてきます**から、必要事項を記入して返送すればいいのです。ただし、計算期間中に引っ越しをした場合は送付されませんから、自分で計算して申請するか、自治体の保険年金課などへ問い合わせをしてみるといいですよ。

申請書が郵送されるなら安心ですね。

 ところが、そうともいえません。高齢になると役所からの郵便物は面倒なものと思うのか、封も開けずに放置している親が大勢います。実家へ帰ったら郵便物のチェックをするというのも、子どもが習慣にしたほうがいいでしょう。

■「高額介護合算療養費制度」の1年の自己負担上限額 （70歳以上のみの世帯の場合）

所得区分 ※1		1年間の上限
住民税非課税	（下記以外）	**31**万円
	（年金収入80万円以下など）	**19**万円※2
一般（課税所得145万円未満）		**56**万円
現役並み所得者	（課税所得145万円以上380万円未満）	**67**万円

※1　課税所得380万円以上の場合はさらに高く、「生活保護受給」の場合はさらに低くなる
※2　介護サービス利用者が世帯内に複数人いる場合は31万円

■ 医療費と介護費をセットで支払い上限額を超えるといくら戻る？（例）

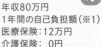

82歳
年収220万円
1年間の自己負担額（※1）
医療保険：10万円
介護保険：42万円

78歳
年収80万円
1年間の自己負担額（※1）
医療保険：12万円
介護保険： 0円

※1　高額療養費、高額介護費の支給分を除く
※2　8月1日〜翌年7月31日の期間

世帯の1年間（※2）の
医療・介護保険の自己負担額

夫婦合計
10万円＋42万円＋12万円→64万円

所得区分は　父→一般
　　　　　　母→住民税非課税　区分II

負担額の上限は56万円

自己負担額64万円−負担額の上限56万円→　**8万円払い戻される**

一定以上の医療費を払うと申告によって税金が戻る

CHECK!

☑ 1年間の医療費が10万円を超えると税金が戻る
☑ かかった医療費は世帯で合算可能
☑ 税金を取り戻すには「確定申告」が必要

 住民税非課税の人は、医療費や介護費の負担上限額が軽くなりますが、**税金を払っている親のおトクな制度はないのですか?**

 おトクというほどではありませんが、**税金を払っている人の場合、年間(1月1日～12月31日)の医療費が10万円を超えると「医療費控除」**によって、**税金の一部を取り戻すことができます。**

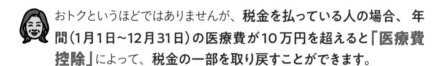 でも、75歳以上は医療費の自己負担は1割だし、高額療養費制度で上限額が決まっているから、10万円もかからない気が……。

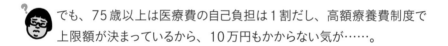 そうとは限りません。厚生労働省の患者調査によると**75歳以上の入院日数は平均45日**というデータも。入院が長期化すればその分、費用がかさむし、治療費以外のお金もかかります。それに介護サービス費の一部も対象となるんですよ。

45日間も! 確かに入院すると、治療費以外の出費もありそう。

それに、医療費控除の対象になる医療費は、**世帯で合算することができる**ので、父・母2人分の医療費を合わせることができます。

医療費控除の対象となる費用は、治療費・薬代の他に、入院中に病院から提供される食事代、病院までの交通費（電車・バス）なども対象です。**寝たきりの人の場合は、おむつ使用証明書が必要ですが、おむつ代も対象です。訪問看護、訪問リハビリなどの一部の介護サービス費も対象となりますよ。**

 なんと！　介護サービス費やおむつ代も対象なんですね！

 ただし、医療保険などから、給付金が出た場合は、その金額を差し引く必要があります（下計算式参照）。医療費控除を受けるためには、**「確定申告」** の必要があるので、**確定申告の手続きを子どもがサポートするといいでしょう。**

■ **医療費控除の対象となる金額は？**

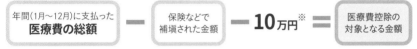

※　年間の総所得金額等が200万円未満の場合は、総所得額の5%の金額

■ **入院した場合、医療費控除の対象になるものは？**

たとえば…78歳の父が、大腿骨骨折手術、その後リハビリとなり46日間入院

費用	金額
10月（31日間）	
入院治療費	**5万7600円**
食事代（1日1380円）	**4万2780円**
テレビカード代（1日440円）	**1万3640円**
アメニティ費（1日700円）	**2万1700円**
11月（15日間）	
入院治療費	**5万7600円**
食事代（1日1380円）	**2万700円**
テレビカード代（1日440円）	**6600円**
アメニティ費（1日700円）	**1万500円**
合計（46日間）	**23万1120円**

医療費控除対象合計が17万8680円で、**7万8680円**が控除の対象となる！

20万円までの所定の工事は対象になる

介護保険を使って自宅を 安心・安全に整えよう

CHECK!

☑ 段差の解消といった住宅改修は給付の対象
☑ 福祉用具はレンタルが基本

 私たち世代にとっては何でもない段差でつまずいたり、ドアノブの操作がしにくくなるといったことをはじめて目にしたときは、ちょっとショックを受けました。

 高齢者、中でも後期高齢者といわれる**75歳以上の人の転倒事故は多く、8割以上が通院や入院が必要なレベルのケガを負っている**といいます。しかも、その**発生場所は半分近くが自宅**。自宅を安心・安全な場所にすることはとても重要です。

 最近はバリアフリーを意識した住宅も増えていますが、築年数が古い実家はそんなことまったく考えないで建ててますからね。

 そんなときは、介護保険を利用して住宅改修をするといいですよ。

 介護保険って、サービスを提供してくれるだけじゃないんですね。

 改修場所や方法に制限があり、地域包括支援センターやケアマネジャーを通しての事前申請が必須です。**介護サービスと同じように1～3割の自己負担で工事を行うことができますよ。**工事代金の支給上限は20万円、両親ともに要介護認定を受けていれば40万円です。

段差をなくしたり、手すりを付けるだけで、かなり転倒の危険は少なくなるに違いないですね……。

 最近は、ベッドから車いす・トイレへの乗り移りの介助や立位姿勢の保持を助ける「移乗サポートロボット」もレンタルできますよ。また、介護保険では対象外ですが「階段昇降機」に補助を出す自治体もあります。

 人の手による介護と、ロボットのサポートを受ける介護を両立できるなんで素晴らしい時代に入りつつありますね。しかも、レンタルなら、割安ですし、体の状態の変化に合わせて交換や返却も簡単ですね。

 お風呂用のいすや腰掛け便座など、肌に直接触れるため**レンタルに向かないものについては、年間10万円までの購入費用が介護保険の対象**となります。自己負担額は介護サービスと同じ1〜3割です。

 介護保険って、いろいろ頼りになるんですね。

■ 介護保険で住宅改修や福祉用具利用の補助が受けられる

	住宅改修	福祉用具の貸与	福祉用具購入の補助
対象になる工事や福祉用具	・手すりの取り付け ・段差の解消 ・滑り止め防止などのための床の材料変更 ・引き戸などへの扉の取り替え　など	・車いす（付属品含む） ・特殊寝台（付属品含む） ・手すり・歩行器※ ・歩行補助つえ※ ・認知症老人徘徊感知機器 ・移動用リフト　など	・腰掛便座 ・入浴補助用具 ・簡易浴槽 ・移動用リフトのつり具の部分 　　　　　など
支給限度基準額	20万円	実費	年間（4月〜翌3月）10万円
自己負担割合	介護保険の自己負担割合に応じて1〜3割		

※貸与か購入か選択可能。

住宅改修って、具体的にどんな工事ができるんですか。

 支給対象となる改修内容はあらかじめ決められていて、**手すりの取り付けや段差の解消をする人が多いですよ。** それに道路から玄関までの通路、浴室、トイレなどの改修もできます。その他にも**床や階段の素材を滑りにくいものに替えたり、 開き戸を引き戸などに変更する**といった6種類の工事が介護保険の支給対象です。

 昔ながらの風呂場をリフォームしたら、結構費用がかかりそうですよね。

 リフォームではなく、あくまで住み慣れた家で暮らし続けるための改修です。たとえば浴室の場合、給湯器や風呂釜の取り替えは対象外。改修の内容や現場の状況によっては、どうしても**改修費が20万円を超えてしまう場合もあるでしょう。 その場合、 20万円を超えた金額については、 全額自己負担**になります。

 確かに、大がかりな改修をすると親がなじめないかもしれません。でも、せっかく限度額が20万円あるんだから、いろいろな工事をやって使い切ったほうがおトクではないですか。

 数回に分けて使うこともできますから、 無理して使い切らなくても大丈夫ですよ。 逆に支給限度額の20万円（1人あたり）は原則として使い切ったらそれきりですから、 必要なところだけ工事しましょう。

 なるほど。 ちなみに、 福祉用具はレンタルのほうがおトクなのでしょうか。長く使うなら買ったほうが安くつくような気もします。

 レンタル費用の平均上限が設定されるようになったので、数年程度だったら購入するよりもレンタルのほうがおトクです。

 何年使うことになるかは神のみぞ知る、 ですからね。

どんな工事が介護保険の住宅改修の対象になる？

浴室の場合

1　手すりの設置
2　床のかさ上げ
3　開き戸から3枚引き戸や
　　折り戸に取り替え
4　排水溝（グレーチング）の設置

改修費用が25万円の場合の自己負担額は？（自己負担割合が1割の場合）

介護保険の対象分		介護保険の対象を超えた分		自己負担額
2万円（20万円の1割）	＋	**5万円**	＝	**7万円**

介護用品はいくらくらいで借りられる？

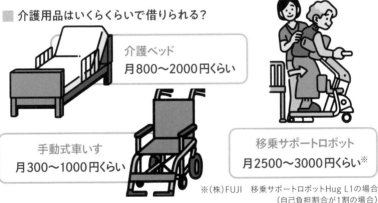

介護ベッド
月800〜2000円くらい

手動式車いす
月300〜1000円くらい

移乗サポートロボット
月2500〜3000円くらい※

※（株）FUJI　移乗サポートロボットHug L1の場合
　（自己負担割合が1割の場合）

**福祉用具は使用中に不具合があるといけませんから、 定期的な
メンテナンスが必要です。**介護保険のレンタルなら、福祉用具専門
相談員が訪問して点検してくれますし、体の状態や体格の変化に応じ
て選び直すこともできますから安全面から見ても安心です。

子どもが親のお金を引き出せる仕組みを作る

CHECK!

- ☑ 子どもといえども、勝手に親の預金は引き出せない
- ☑ 親のお金を引き出すための正しい方法を確保する

介護費用は親のお金でといいますが、足腰が弱って外出できなくなったり、認知症が進んで意思疎通がスムーズにいかなくなると、**預金はあっても引き出しが難しくなります**よね。

そうなんです。これまでは親が入院したときなど代わりに銀行へ行って預金を引き出そうとすると、「委任状をお持ちですか」と聞かれ、ないと答えるとけんもほろろに追い返されました。

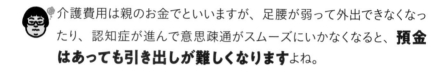

「認知症になったから代わりにおろしに来ました」と言ったら、**口座を凍結されたという話も聞いたことがあります。**

もちろん、**親のお金は子どもといえども自由に使うことはできません。**子どもが親のお金を使い込む例もありますから。とはいえ、あまりに杓子定規な対応に困った人が多いのも事実でした。

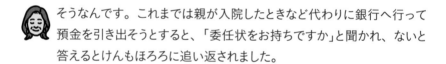

何とかならないんですか。

2021年2月、**全国銀行協会は加盟行に対し、使途が医療費や施設入居費などの場合に限り、代理権のない親族が引き出すことに応じるようにとの指針を出しました。**これからは、少し柔軟に判断されることが増えそうです。

■ 「代理人カード」を作れば親の口座からお金を引き出せる

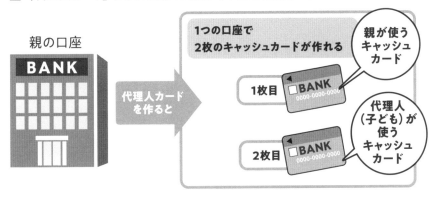

!
・代理人は「生計を一にする親族」「同居家族」などの条件を定めている金融機関もある
・手続きは、基本的に口座の名義人＝親が窓口へ出向いて行う必要がある

方針が変わっても、必要なものを買うといった請求書がないお金は引き出せないんですよね。

使途をはっきり示せないと無理でしょうね。ですから、やはり何らかの対策をしておかないと、意思疎通ができなくなってからだと介護費用のすべてを親のお金から支出することは難しそうです。

そうですか、何らかの手続きが必要なんですね……。

まずは P132 で説明したように元気なうちに話し合っておくこと。そのとき、上図のように 2 枚目のキャッシュカードである**「代理人カード」**の作成をしておくという方法も考えられます。ただし金融機関によっては「生計を一にする親族に限る」といった条件がある場合もあります。

離れて暮らす子どもはダメってことですね。

金融機関によって別居でも OK のところもあります。まずは問い合わせてみるといいでしょう。

■ 親が認知症になったときに家族が出金できる信託商品
（三菱UFJ信託銀行「つかえて安心」の場合）

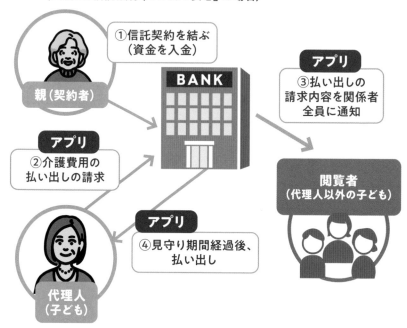

 でも代理人カードだと、それを持っている子どもが勝手に引き出して使えるってことですよね。

 そうなんです。**引き出したお金の使い道が明確でないときょうだい間でトラブルになったり、相続の際にもめる原因に**なります。

 お金のことできょうだいげんかはしたくないなぁ……。

 一部の金融機関が提供しているのですが、**代理人の子どもが契約者である親の代わりにお金を引き出せる、といったサービスを付加した商品**を利用するのもひとつの方法です。たとえば上図、三菱UFJ信託銀行の「つかえて安心」という商品は、親が信託した資産から、**代理人の子どもが専用アプリでお金の払い出しを請求できます。**
また、請求の都度、代理人以外の家族などの「閲覧者」に請求内容が通知されるので、出金状況を家族間できちんと共有できます。

■ 「預り金」を作るには？

① 子ども名義の銀行口座を新規開設する

② 親の定期預金を解約して①の子ども名義の口座へ入金する

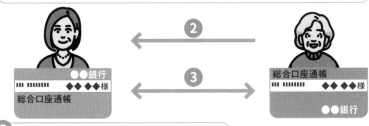

●●銀行
ⅢⅢⅢⅢ ◆◆◆◆様
総合口座通帳

② ←

③ ←→

総合口座通帳
ⅢⅢⅢⅢ ◆◆ ◆◆様
●●銀行

③ 親子間で「預り金」の覚書を作成

④ 介護が必要になったら「預り金」口座から費用を出金（明細と領収書を残す） → 親が亡くなった時点で残金があれば「相続財産」になる

 それなら、何に使ったかをきょうだいで共有できて安心ですね。

 ただし金融機関の商品ですから、設定時手数料や管理手数料がかかることは覚えておいてください。

 手数料を払うほどお金がない場合は、どうすればいいですか。

 親のお金を**「預り金」**として管理する方法もあります。手順としては上図の通り。ポイントは、**自分のお金と分けて管理する必要があるので新規に口座を開設する、親子間で覚書を作成して預り金であることを明確にしておく、明細と領収書を保存して出金内容を残す、残ったお金は相続財産として処理する**ことです。

 面倒な感じもしますが、親のお金だからしょうがないですよね。

 いずれにしても、親と意思疎通ができる間でないと手続きはできません。対策が必要だと思うなら、早めの行動が肝心です。

「日常生活自立支援事業」の サポートを利用する

CHECK!

☑ お金の管理だけでなく日常の困った! を助けてくれるサービス

☑ 社会福祉協議会の窓口で手続き。 相談してから申し込む

たとえば、通帳の管理や公共料金の支払いなど普段のお金の管理が難しくなってきた場合、どうしたらいいですか？　ホームヘルパーには頼めませんよね。

そうですね。特に遠方に暮らしているとサポートが難しく悩むところだと思います。そんな方に使って欲しいサービスがあります。

どんなサービスですか？　具体的に教えてください!

「日常生活自立支援事業」というもので、**日常的なお金の管理だけでなく、 生活の困りごともサポートしてくれます。「生活支援員」**が定期的に親の自宅へ訪問して、福祉サービスの利用の仕方の説明や介護サービスの利用申し込み代行から苦情の相談、郵便物の内容の確認、行政の手続きなど、あらゆるサポートを受けられます。

それは心強い!　たとえば軽い認知症の人でも大丈夫ですか？

はい、もともと認知症などで判断能力が十分ではない方へのサービスなんです。ただし、この事業はご本人との「契約」により行うため、**契約内容を理解できる一定の判断能力が必要**です。また、**通帳や実印など大事な書類を貸金庫で預かるサービス**もありますよ。

① 福祉サービス
利用の援助
- 福祉サービスの利用の情報提供、相談
- サービス利用の申請や契約の代行
- 苦情解決の相談　　など

② 日常的な
お金の管理
- 金銭管理の相談や助言、預金の出し入れ
- 公共料金、家賃、医療費等の支払い代行
- 年金や福祉手当の受領手続き　　　など

③ 日常的な
事務手続き
- 郵便物の内容確認
- 行政等への必要な手続きのサポート
- 商品購入に関する苦情処理

④ 通帳・証書等の
預かり
- 保管を希望する通帳、印鑑、証書等を保管
（年金証書、預金通帳、実印、保険証など）

 どこで申し込んだらいいのでしょうか？

 P81でご紹介した「社会福祉協議会」が対応してくれます。窓口へ連絡すると、専門の職員が自宅へ訪問します。親が困っていることを相談すると、内容に合わせた支援計画を作成してくれ、その内容に納得がいけば、契約してサービスを利用する流れです。**手続きは、親自身の署名が必要**ですので、親がご自身で契約します。子どもは、窓口への連絡やどんなサービスがあるのか一緒に聞いてあげるのもいいかもしれませんね。

 利用料金はどのくらいかかるのですか？

 東京都の場合は、1回（1時間まで）1500円。通帳を預けてお金を管理してもらうサービスの場合は、1回3000円です。どちらも1時間を超えると30分ごとに600円の追加料金がかかります。また、通帳や実印を貸金庫で預かる場合は、1カ月あたり1000円です。**どんなサービスを利用するかを決める相談は無料**ですので、困りごとはどんどん相談してみてください。

5-14

1人になっても生活費は半分にならない

母が1人残されたら 年金はいくら? 生活できる?

CHECK!

☑ 厚生年金を受給している親が亡くなったら、遺された 親は遺族年金を受給できる場合が多い

☑ 国民年金のみを受給している親が亡くなっても、 遺族年金は給付されない

 もし、母親が専業主婦で国民年金だった場合、父親が亡くなっても 年金で暮らしていけるのでしょうか。

 親世代は母親が年下であることが多く、女性のほうが長寿ですから、 父親が先に亡くなるケースが多いですね。両親は2人分の年金で暮ら していますが、**1人になったからといって生活費が半分になるわけ ではありません**から、多くの人が生活は厳しくなるでしょう。

 遺族年金がもらえると聞きました。

 父親が加入していた年金によって異なります。**厚生年金に加入して いた場合は遺族厚生年金が支給されますが、国民年金に加入の 親なら、遺族基礎年金は支払われません。**自営業者などで国民年 金だったケースでは、母親は自分の国民年金だけで暮らすことになり ます。

 それはキビシイ! 厚生年金の場合も、父親がもらっていた全額を もらえるわけではないんですよね。

 そうですね。厚生年金部分の4分の3ですから、父親が亡くなった後、 **母親が1人になると受給額は6割程度になる人が多いようです。**

え〜、でも**4分の3だったらもう少しもらえるのでは**ありませんか。

 誤解が多い点なので下図をもとに、詳しくお話ししますね。父親は厚生年金に加入していましたが、その内訳を見るとすべての人が加入している国民年金（老齢基礎年金）と厚生年金（老齢厚生年金）部分に分けられます。**遺族年金の対象になるのは厚生年金部分のみ**。ですから、受給額は父親の厚生年金約9万円の4分の3＝約6.75万円と自分の国民年金＝約6.5万円の合計で約13.25万円となるのです。

 この金額だと施設へ入るのは難しいですね。

 ただ、父親と死別して再婚していなければ「寡婦」となって、申告をすれば**寡婦控除を受けることができ、住民税非課税世帯になる可能性が高い**です。そうすると**医療費と介護費がぐっと安くなります**から、手続きができているかを確認してみてください。

■ 母1人になると年金額はそれまでの約6割に減少

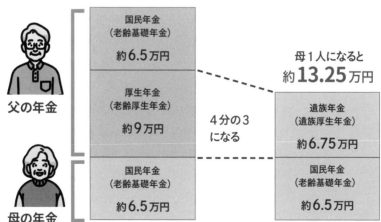

介護で仕事を休んでも
条件次第で給付金がもらえる

CHECK!

- ☑ ほとんどの労働者が対象
- ☑ 勤務先の会社で独自の制度はないか確認

介護のために仕事を休むことができる法律（詳しくはP24）があること
はわかりましたが、休んでいる間は無給ですよね。

通常無給ですが、**介護休業をする前の2年間のうち12カ月以上、雇用保険に加入していれば介護休業給付金が支給されます。**

正社員じゃなくてもいいんですか?

パートでも雇用保険に所定の期間加入していれば、対象となります。

それは助かりますね。いくら休んでいいと言われても、収入がないと安
心して休めませんから。で、いくらもらえるんですか?

計算方法は右ページの通りで、**休業開始時の賃金日額に支給日数をかけて、その67%が支給されます。**最大93日分です。ざっくり
ですが、月額が平均15万円の場合は10万円程度、月額が平均20
万円の場合は13.4万円程度が支給されます。

給料の3分の2程度でもあるかないかは大違いですよね。これだけあ
れば安心して仕事を休めます。

介護休業給付金の支給期間単位は原則として30日で、申請は事業主を経由して行います。支給が決定したら1週間程度で振り込まれます。

 わかりました！ 知らないだけで、いろんな制度があるんですね。

 企業によっては、福利厚生として介護支援メニューを用意しています。知らずに使っていない人が多いのですが、せっかくの制度ですから使わないともったいないです。調べてみるといいですよ。

■ 「介護休業給付金」とは？

対象となる家族の範囲	配偶者（事実婚を含む）、父母、子、配偶者の父母、祖父母、きょうだい、孫
給付条件	・雇用保険の被保険者（開始前2年間に12カ月以上） ・家族を常時介護するため2週間以上の休業が必要 ・職場復帰を前提として介護休業を取得する
給付額	休業開始時の賃金日額×日数×67%
支給期間	支給対象となる同じ家族について、93日を限度に3回まで
申請期間	介護休業終了日の翌日から、2カ月後の末日まで

■ 「介護休業給付金」はいくらもらえる？

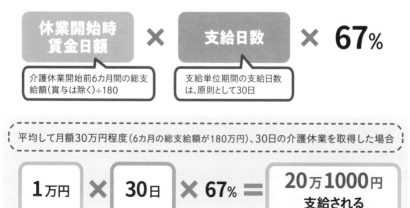

休業開始時賃金日額	×	支給日数	×	67%
介護休業開始前6カ月間の総支給額（賞与は除く）÷180		支給単位期間の支給日数は、原則として30日		

平均して月額30万円程度（6カ月の総支給額が180万円）、30日の介護休業を取得した場合

1万円 × 30日 × 67% ＝ 20万1000円 支給される

いったいいくらかかる？

具体例で知る
介護にかかる費用

CHECK!

☑ サービス利用を増やせば費用はアップ
☑ 介護保険内でやりくりしているケースが大半

 介護のお金まわりの制度についてはわかりました。それに、平均値は参考程度にしかならないことも。それでも、具体的な数字を知りたいです。

 ですよね。では、右ページの要介護1、負担割合1割のケースを見ていきましょう。訪問介護とデイサービス、訪問看護を利用し、**1カ月の介護保険内サービスの自己負担は1万5000円弱**です。

 何とか払える額ですね！

 はい。多くの方は、限度額内でやりくりしています。ただ、保険外の費用もあります。このケースだと、デイサービスの昼食代と配食サービスで、1カ月に2万6000円の出費があるので、**介護費用の総額は、月額4万円強**になります。

 月4万円だと、払える人と、払えない人に分かれそう。

 そうですね。だからこそ、親の経済状況を知っておくことが必要なんです。**経済的に厳しいなら、サービス量を減らすなど調整する**。たとえば、訪問介護の時間を短くするとか。**逆にゆとりがあるなら、サービスの利用量を増やす**ことができます。これも、子どもが行うマネジメントです。予算を考えて、ケアマネジャーに相談しましょう。

■ 1週間のケアプラン例（要介護1の場合）

	月曜日	火曜日	水曜日	木曜日	金曜日	土曜日	日曜日
午前	訪問介護	デイサービス	訪問介護	デイサービス	訪問介護	訪問介護	
午後					訪問看護		
	配食	配食	配食	配食	配食	配食	配食

【サービスの利用時間】
訪問介護（生活援助）:1回50分、訪問介護（身体介護）:1回60分、デイサービス:1回7時間
訪問看護:1回50分

■ 上記のプランで1カ月にかかる介護費用（自己負担1割）

サービス内容		介護保険	サービス費／回	利用回数／月	自己負担額／回	自己負担額／月
訪問介護（生活援助）		保険内	2200円	8回	220円	1760円
訪問介護（身体介護）		保険内	5670円	8回	567円	4536円
デイサービス	利用料	保険内	6580円	8回	658円	5264円
	食費・雑費他	保険外	1000円	8回	1000円	8000円
訪問看護		保険内	8230円	4回	823円	3292円
配食サービス		保険外	600円	30回	600円	1万8000円

ケアマネジャーに予算を伝えて、一緒に考えてもらいましょう！

介護保険内	1万4852円
保険外	2万6000円
1カ月の自己負担額	4万852円

5-17

介護費用を捻出する最終手段

実家を現金化して 介護費用にする選択肢もある

CHECK!

- ☑ 自宅を担保にして資金を調達。返済は相続時
- ☑ 自宅を売却しても住み続けることができる
- ☑ 自宅を賃貸に出すことで現金収入を得ることもできる

 預貯金などの資産はない、年金だけでは介護費用をまかなえない、となったら子どもが負担するしかないですか。

 いまの親世代は預貯金はなくても自宅は所有しているという人が多いです。だったら、**自宅を現金化することで介護資金を捻出するという方法があります**。

 でも、そうしたら住む所がなくなっちゃいますよね。

 いいえ、そのまま**自宅に住み続けながらお金を手にすることができる**仕組みがあるんです。

 そんなことができるんですか！

 自宅に住み続けながら現金化する方法には、自宅を担保にして融資を受ける「**リバースモーゲージ**」と、自宅を売却して家賃を払って住み続ける「**リースバック**」があります。リバースモーゲージに関しては、国の事業として「不動産担保型生活資金」という制度があり、社会福祉協議会が窓口となっています。

 国の制度もあるのですか? で、いくらくらいの資金を得られるのですか。

国の制度の場合、貸付金額は月額30万円以内です。貸付限度額は担保となる土地評価額の70%です。

■ 国のリバースモーゲージ（不動産担保型生活資金）の貸付内容

貸付限度額	居住用不動産（土地）の評価額の70%（※評価額は概ね1500万円以上）
貸付期間	借受人の死亡までの期間または、貸付元利金が貸付限度に達するまでの期間
貸付額	1カ月あたり30万円以内の額（臨時増額可能）を3カ月分ごとにまとめて貸付
貸付利子	年利3%または毎年4月1日時点のプライムレートのいずれか低い利率
償還期限	借受人の死亡など貸付契約の終了後、措置期間が3カ月あり、償還期限となります。 償還期限を過ぎた場合は、償還完了までの間、遅延利子（年3.0%）が発生します
償還の担保措置	居住する不動産に根抵当権等を設定 推定相続人の中から連帯保証人を1名選任

出典：神奈川県社会福祉協議会

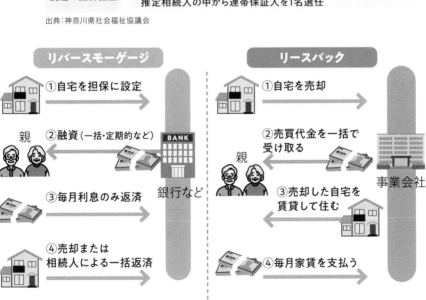

リバースモーゲージ

①自宅を担保に設定

親 ②融資（一括・定期的など）

③毎月利息のみ返済

④売却または相続人による一括返済

銀行など

リースバック

①自宅を売却

親 ②売買代金を一括で受け取る

③売却した自宅を賃貸して住む

④毎月家賃を支払う

事業会社

自宅を担保にして、その資産価値に応じて設定される融資限度額を上限に、一括または定期的に金融機関などから融資を受ける。

自宅を金融機関などに売却して、売買代金を一括で受け取る。売却した自宅には、賃貸契約して住み続けることができる。

親がこれまで通り住み続けるためには、どの仕組を選ぶのが正解ですか。

 どちらが正解かは一概にいえません。違いとしては、リバースモーゲージは、資金の使途を生活費などに限定している商品が多いです。しかしリースバックは売却するため担保の設定や借り入れがないので、資金の使途に制約がなく自由に使うことができます。**対象となる物件も、リバースモーゲージは主に戸建てですが、リースバックは戸建てに限らずマンションや店舗など幅広い物件を対象**としています。国の不動産担保型生活資金の対象も原則、戸建てです。

 なるほど……。よく考えなきゃですね。

 では、違う面からお話ししましょう。リバースモーゲージは契約者が亡くなった後に売却して返済することが前提なので、借り入れ期間中の返済は利息のみ。毎月の支払いは少なくて済みます。ところがリースバックは家賃を払い続けるため、毎月の支払いが高額になりがち。また、家を売却しますから所有者がかわります。将来的に違う業者へ転売され、家賃の引き上げなどを請求される可能性がないとも限りません。

 それは怖いですね……。

 いずれにしても、それぞれにメリットとデメリットがあります。寿命がいつまであるかは誰にもわかりませんから、融資や売却で得たお金では足りなくなってしまうことも。**実家を現金化する際は、相続人も交えてよく相談**する必要があります。

 融資や売却以外に、実家を現金化する方法はありませんか。父親が亡くなった後、母親も施設へ入居し空き家になっている実家を何とかしたいという声を聞きます。

 シニアの住まいを、長期にわたって借り上げてくれる**「マイホーム借上げ制度」**の利用を考えてみてはどうでしょう。

どんな仕組みなんですか?

 一般社団法人の移住・住みかえ支援機構が提供しているサービスで、50歳以上の人のマイホームを借り上げて定期借家契約で転貸するというもの。1人目の入居者が決まってから以降は空室が発生しても規定の最低賃料を保証してくれるので、安定した賃料収入が見込めます。入居者とは定期借家契約なので、契約終了時には家に戻ったり売却することもできます。

 いい話過ぎて、逆に不安になります。

 実家の現金化についてはいずれの方法も、その物件が駅から近いなどの魅力がなければ利用することは難しいです。**ご家族でよく話し合って長期的な視点でシミュレーションを行う必要**があります。

 そうなんですね! 詳しく調べてみます。

■ 「マイホーム借上げ制度」とは?

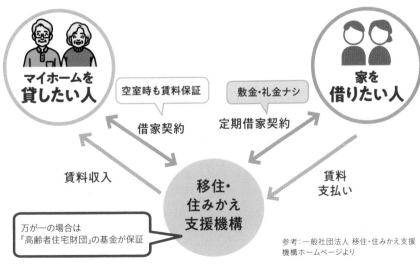

参考:一般社団法人 移住・住みかえ支援機構ホームページより

介護費の負担が減る「世帯分離」とは？

　健康保険・介護保険の保険料や介護保険の自己負担上限額は、所得によって決まります。この所得は、世帯で算出されるので、現役世代の子と高齢の親が同居し同じ世帯となっている場合、わずかの年金収入のみの親であっても、負担額が大きくなることがあります。対処法として、住民票上で同一世帯になっている親と子の世帯を分離させる「世帯分離」が考えられます。手続きは、住んでいる自治体の窓口に「世帯変更届」を提出します。

　ただし、同じ屋根の下に暮らしていても世帯を分けられるのは、生計が別であるケース限定（親子の財布が別であること）です。「介護費用を安くするために世帯分離をしたい」などとは、役所の窓口で言わない方がいいでしょう。世帯分離により親が住民税非課税世帯になれば、医療や介護などの負担額を大幅に減らすことができる可能性があります（P134参照）。

● 同居していても、世帯を分けることができる「世帯分離」

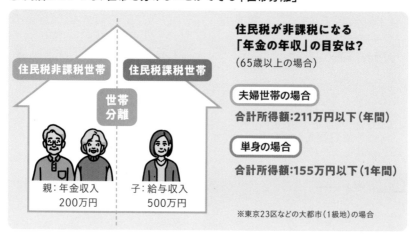

6章

離れて暮らす親を
サポートする
体制作り

6-1

「お任せします」では通らない

CHECK!

☑ ケアマネジャーに任せっきりではいけない
　自分の意見をはっきりさせる

☑ 治療の方針も任せっきりではダメ、医師に意見をはっきり伝える

 親が自立した暮らしができるように、環境を整える「マネジメント」が完了したら、ひとまず子どもの役目はなくなるのでしょうか？

 いいえ。一度、環境を整えたとしても、**親の状態は変化していくので、その都度サポートが必要となります。継続して見守っていく目を持つようにしましょう。**

 見守る目ですね。注意すべき点はありますか？

 よくいわれるのは、右ページの2つのタイプ。**「お任せします」と任せっきりにして、確認や精査を怠ってしまうタイプ**。もう1つは、逆のタイプで、**たまにやってきて**、主治医やケアマネジャーの方針に独自で調べた情報をもとに、とんちんかんな意見を言うなど、**現場を混乱させてしまうタイプで「ぽっと出症候群」**といいます。

 突然やってきて意見する。それって意外と多そうですね。

 できれば、**ケアマネジャーや医師とは定期的にコミュニケーションを取るタイミングを設けるように。**頻繁にとはいいませんが、たまには親の通院に付き添って医師に様子を聞いたり、ケアマネジャーが親元を訪問するときに同席したりするのがいいと思います。

「お任せします」タイプの発言

ケアマネジャー

お母さまが利用されている「デイサービス」を現在の週2回から3回にしようかと考えています。いかがでしょうか？

よくわからないのでお任せします

子ども

医師

お母さんの治療法には2つあります。それぞれメリット、デメリットはこのような感じです。どうされますか？

先生の方針にお任せします

子ども

「ぽっと出症候群」タイプの発言

ケアマネジャー

お父さまの要望で、玄関のドアを引き戸に変更しました。その結果、家の中での移動が楽になられました

ここに引き戸は変だと思いますよ。今から変更可能ですか？

半年ぶりに帰省した子ども

医師

お父さんには、現在、○○○という薬を服用していただき、症状も落ち着いていらっしゃいます

その治療は最新のガイドラインでしょうか？　確認していただけますか？

半年ぶりに帰省した子ども

そういったときに、**介護休暇を活用する**のもよさそうですね。

そうですね。ケアマネジャーに早めに予定を伝えれば、日程を調整してくれます。**メールや LINE でのやりとりができれば連絡がスムーズなので、お願いしてみてはどうでしょう。**

「介護家計簿」で お金の記録を残しておこう

CHECK!

- ☑ お金の出入りを見える化
- ☑ 領収書・レシートの証拠も残す

 親の介護はなるべくみんなで分担したほうがいいということでしたが、きょうだいで協力して進める場合、「お金」のことでトラブルになったりしませんか?

 そうなんです。1人っ子であれば、問題は生じにくいのですが、**きょうだいがいるとトラブルになったという話はよく聞きますね。**

たとえば、ある姉妹のケースです。母に介護が必要になったので、姉が主たる介護者とキーパーソンの役割を担っていたため、親のお金の管理もしていました。母が亡くなった後、妹から「お母さんのお金がどうしてこんなに少なくなってるの? お姉ちゃん無駄遣いしたんじゃない?」とあらぬ疑いをかけられたそうです。これを聞いて、姉の怒りが爆発するのは当たり前だと思います。最悪のパターンでは姉妹が絶縁するということにもなりかねません。

 せっかくの姉妹なのに。なんともやるせない話ですね。

 そのような**トラブルを避けるためにも、「介護家計簿」をつける**ことをおすすめします。

 介護家計簿ですか?

■ 介護家計簿で証拠を残して情報開示

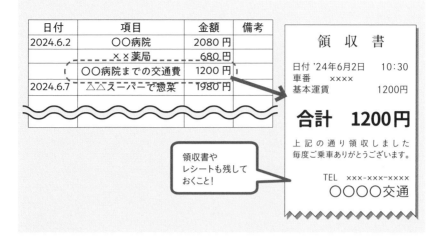

日付	項目	金額	備考
2024.6.2	○○病院	2080 円	
	××薬局	680 円	
	○○病院までの交通費	1200 円	
2024.6.7	△△スーパーで惣菜	1980 円	

領 収 書

日付 '24年6月2日　10:30
車番　××××
基本運賃　　　　　　1200円

合計　1200円

上 記 の 通 り 領 収 し ま し た
毎度ご乗車ありがとうございます。

TEL　×××-×××-××××
○○○○交通

領収書や
レシートも残して
おくこと!

親の介護のための**お金の出入りの詳細を証拠として残す**ための記録です。いつ、なんのために、どのお金を使ったのか？　また、誰が立て替えたのか？など、領収書やレシートもきちんと保管して、**入出金の情報を「見える化」して、「共有」**しましょう。

情報の見える化と共有ですね。

家計簿ノートを付けておいて、実家に保管しておくというのもいいかもしれませんが、**家計簿アプリの活用もおすすめ**です。アプリなら、入出金の入力や情報の確認など、スマホさえあればいつでもどこでもできるので、使い勝手がいいかもしれません。

MINI COLUMN

親の状況を共有するための連絡方法を作っておく

親の介護を、きょうだいや親族などで役割分担をしながら進めているなら、連絡方法は、メールやメッセンジャーアプリの活用がおすすめです。たとえば、グループLINEを作って連絡を取り合えば、親の現状や、状況の変化があったときなど、リアルタイムで共有できます。

遠距離介護の交通費は
各種の割引制度を活用

CHECK!

☑ **交通費も親のお金から出すことを考える**
☑ **各社の割引サービスを活用しよう**

 介護が必要になると、実家へ行く回数も増えるから交通費もバカになりませんよね。

 回数が増えると**節約を考えて安い交通手段を選びがちですが、子どもも若くありませんから自分が倒れないように考えることも大切**です。交通機関が提供する、各種の割引をぜひ活用しましょう。

 飛行機は早期割引がおトクですよね。

 飛行機を利用する人は、介護のために帰省する人を対象にした割引制度に登録してください。親が「要支援・要介護」と認定を受けていると使えます。早期割引より割引率は低いですが、予約変更ができて使いやすいです。

 確かに、早期割引は予約変更できませんからね。

 JRは介護割引はありませんが、各社のホームページをのぞくと、さまざまな割引運賃が載っています。専用サイトやアプリで提供しているおトクな価格のものも多くあります。

 普段でも使えるってことですよね。すぐにチェックしてみます。でも、割引運賃を使っても帰省の頻度が増えると出費は厳しくなりますね。

そうですね。遠距離介護での交通費は大きな課題です。なので、**経費だと考え、親のお金でまかなうことも考えてください。** 実際、親のお金を交通費にあてている人は少なくないです。あとは、あまり通えないきょうだいが負担されているケースもあります。**介護がスタートしたら、早い段階で、家族間で話し合いましょう。**

■ 遠距離介護の交通費を節約するには

航空会社の介護帰省割引

会社名	サービス名	主な利用条件
日本航空	介護帰省割引	JALマイレージバンクへの入会、「介護帰省割引情報登録」が必要。クラスJは予約可、ファーストクラスは予約不可。当日アップグレードはいずれも可
ANA	介護割引	ANAマイレージクラブカードへの入会と「介護割引情報登録」が必要。登録は、必要書類の画像データを添付することで専用サイトからもできる
スターフライヤー	介護割引	「介護割引パス」への申し込み（郵送のみ）が必要。航空券の予約・購入はコールセンター、指定旅行会社でのみ（介護割引パスの提示が必要）。WEBは不可
ソラシドエア	介護特別割引	「介護割引パス」への申し込みが必要で、申し込みは郵送のみ。航空券の予約・購入はソラシドエア予約・案内センターまたはWEBで可能

JRの割引制度を活用

サービス名	対象エリア	特徴
ジパング倶楽部	全国のJR	1年間に20回、日本全国のJR運賃・料金が最大3割引き（除外日あり）。個人会員の場合は、満65歳以上。年会費3840円
えきねっとトクだ値	JR東日本・JR北海道	「えきねっと」会員登録（無料）が必要。列車、席数、区間限定の割引切符。ただし、変更や払い戻しなどの制限があるので注意が必要
エクスプレス予約	東海道・山陽・九州新幹線	年末年始などの繁忙期も含めて、お得な会員価格で指定席を利用できる。対象のクレジットカードでの入会手続きが必要で、年会費1100円

親の「見守り」
あの手この手

CHECK!

- ☑ **見守り方法① ご近所の協力・見守りサービスを利用する**
- ☑ **見守り方法② ロボット・アプリをフル活用**

 子どもの役目は、親が安全に暮らしていけるように、継続的にマネジメントしていくことが大事なのはわかったのですが、離れて暮らして、仕事もしているとなると、頻繁に親の様子を直接確認するのは、なかなか難しい気がします。

 そうですね。そういった場合に、**自分の代役を見つけておくことが大切**です。

 自分の代役ですか。やっぱり民間のサービスになりますか?

 そうですね。民間のホームセキュリティ会社などを利用する方法もありますが、たとえば、ご近所の人に、新聞受けがいっぱいになったら様子を見てもらえますか? とお願いしてみるのもひとつの方法です。

 なるほど。でも地域によっては、ご近所のつきあいがなさそう。

 その可能性もありますね。でも、自分が子どもの頃からなじみのあるお隣さんが変わらず住んでいれば、頼めるかもしれませんし、親に普段から仲良くしているご近所の人を聞いておけば、もしかしたら、その人にお願いできるかもしれません。あとは地域の民生委員さんにお願いできるケースもあります。

とりあえず、ダメ元でお願いしてみるということが大事ですね。

 自治体や民間のサービスを、下表にまとめました。たとえば、**自治体や社会福祉協議会では、昼食を手渡し**することで、**安否確認して**くれるサービスや、**緊急通報装置を設置**して、緊急ボタンを押すと様子を確認し、必要に応じて、**救急車の要請**をしてくれるサービスがあります。また、地域ボランティアが、見守りしてくれるサービスも。**民間は、郵便局には電話で毎日安否確認**をしてくれるサービスがあります。自治体のサービスだけでなく、民間のサービスまで選択範囲を広げれば、さまざまな見守りサービスがあります。内容をよく吟味して、親と自分のライフスタイルや予算に合わせたサービスを選ぶようにしましょう。

 離れて暮らしていると、頻繁に様子をうかがうことは難しいから、サービスを上手に利用するべきですね。

■ **人的見守りサービスの例**

サービス内容	サービス提供先	料金
週2回手渡しで乳酸菌飲料などを配達。安否確認をしてくれる	自治体	無料
1日1回昼食を手渡しで安否確認をしてくれる	自治体	食材費・調理費は自己負担だが、費用は安価
地域ボランティアが月に数回訪問したり、外から様子をうかがうなどで安否確認をしてくれる	社会福祉協議会	無料
ペンダント型のボタンを押すと、あらかじめ決められたセンターなどに連絡できる仕組み。必要に応じて救急車を呼んでくれる	自治体	月額利用料とセンサーの利用費は自己負担だが費用は安い
毎日決まった時間に電話で安否確認。体調確認の回答をメールで報告してくれる	郵便局	月額　1280円（携帯電話コース）

もう1つ見守りでおすすめなのが、機械を活用すること。

 機械ですか。見守りカメラとかですか?

 認知症が進んだりすると、カメラが非常に役立つケースがあります。でも、お元気だと見張られているみたいで嫌だという声も聞きます。

 確かに。それはそうですね。

 右ページにあるように、**登録したメールに、電気ポットの使用状況が届くもの**は、ポットが使われていれば、元気なことがわかりますし、生活リズムを確認する機能もあります。
携帯した端末から、現在の情報がアプリから確認できるサービスもあります。AI機能でよく行く場所を学習して、行き先から外れた場合は通知が届く機能もあります。

 すごい便利ですね。普段と違う行動していたら何かあったのか?と電話で確認すればいいですよね。

 最近では、高齢者が室内で熱中症になってしまったという話もよく聞きますよね。そういった見守りをしてくれるロボットもあります。

 高齢者になると熱中症に気づかないとよく聞くので、心強いです。

 湿度・温度など部屋の状態を察知して、**エアコンをつけるように促したり**、部屋の状態をアプリで確認することができたり、**メールでエアコンをつけるように伝えると、代わりにロボットがお知らせ**するなども。**服薬の支援をするロボットも便利**なのでおすすめです。

 さまざまなサービスや機械を活用すれば、離れて暮らしながらでも親の生活をサポートすることができそうですね。

■ 機器による見守りサービス例

みまもりほっとライン

特徴 1日3回（最多）、ポットの利用状況がメールで届く。発信先は、最多3件まで登録可能。知りたいときに利用状況を確認できる「メールリクエスト」機能や「空だき」「長時間未操作（24・36時間）」のお知らせも可能。親を程よい距離感で見守りできます。

費用 初期費用:5500円
月額利用料:3300円（クレジットカード払いのみ）

運営会社:象印マホービン株式会社
URL:https://www.zojirushi.co.jp/syohin/pot_kettle/mimamori/

みてねみまもり GPSトーク

特徴 端末を携帯すると、スマホアプリから現在どこにいるのか場所を確認できます。衛星電波が届かない屋内などでもWi-Fiを利用して位置情報が取得できます。端末のボタンを押すとボイスメッセージがアプリに送られる音声メッセージを搭載で、双方コミュニケーションを取ることができます。

費用 端末価格:5680円
月額利用料:748円（クレジットカード払い・キャリア決済）

運営会社:株式会社MIXI
URL:https://mitene.us/gps/talk

FUKU助

特徴 設定した時間になると服薬するよう声をかけ、必要な薬を出してくれる（最大1カ月まで対応可能）。部屋の温度を感知して熱中症予防への呼びかけをするなどの生活サポートも。専用アプリ・メールと連携すると服薬履歴、薬の在庫などの状況を確認できます。

費用 初期費用:1万8800円　保証金:2万円
月額利用料:1万1000円

運営会社:株式会社メディカルスイッチ
URL:https://www.medical-switch.com

BOCCO emo
LTEレンタルモデル

特徴 「おはよう」「おやすみ」などの挨拶をすると、その時々の季節を踏まえた一言をおしゃべりする他、早口言葉や今日のクイズなどを提供します。面倒で忘れがちなことを声で楽しくサポート。ロボットからアプリへのメッセージ送信は話しかけるだけなので、誰でも簡単に操作できます。

費用 初期費用:なし（レンタルプラン）
月額利用料:2970円

運営会社:ユカイ工学株式会社
URL:https://www.bocco.me/rental/

メイプル超合金
安藤 なつ × 介護・暮らしジャーナリスト
太田 差惠子

親と子ども、介護のプロが上手にコミュニケーションを取ることで、みんながHAPPY

問題はあるけれど「介護保険制度」ができてよかった

 「介護保険制度」が2000年に導入されて、間もなく四半世紀がたちます。財政状況は厳しく、今後どうなっていくか楽観はできませんが、少なくとも介護を取り巻く状況が改善されてきたことは事実です。

 制度がスタートしたことで、資格がないとこれまでと同じ仕事はできないと言われて「ヘルパー2級（現・介護職員初任者研修）」を取りました。このときから、介護は"家族のお世話"ではなく"専門職の仕事"になったんですよね。

 そうですね。家族の介護に公的サービスを使うという認識が広まったのは大きな進歩だったと思います。2000年以前は、身内の介護で困って役所へ相談に行っても、「あなたの親でしょう」と言われて取り合ってもらえませんでしたから。

 それって、介護は家族でしなさいってことですか？

 2000年以前は、そういう風潮でしたね。たとえば、いまでも制度としては残っている自治体もありますが、介護サービスを利用せずに要介護4〜5の家族を1年間自宅でケアすると、年10万円程度が支給され

る「家族介護慰労金」というものがあります。この制度などは、まさに家族介護を推奨する象徴のような制度といえるのではないでしょうか。

当初は親自身が介護サービスを使いたくない、家族も使わせたくない、使ってはいけないんじゃないか、と考える人が多かったんでしょうね。

それが、介護サービスを利用しようとか、介護のために仕事を辞めるのは避けようという方向に変わったことの意義は大きいですね。

「介護保険制度」は、これからどうなる?

2024年度には、介護保険制度が改正されましたね。

そうなんです。介護保険のサービス内容や利用料、報酬、介護保険料などは、3年に1回見直されることになっています。今回は大きな改正があるのではないかといわれていたのですが、結局、よくも悪くも利用している人に影響がある改正はあまりありませんでした。ただ、介護事業所に対しては財務諸表の公表が義務づけられました。

それを見て何がわかるんですか?　倒産しそうとか??

経理の知識がないと、読み解くのは難しいですよね。ただ、今回は法人ではなく事業所ごとに公表されることになったので、事業の透明性の確保や職員の待遇改善などにつながることが期待されています。

スタッフさんの待遇が改善されるんだったら、期待したいですね。とにかく、定着しない、離職率が高いというのが、介護業界の大問題。その要因のひとつが報酬の低さです。やりがいを感じていても、前向きに働き続けられるくらいの報酬が得られないと人が集まりませんよね。

慢性的な人手不足ということもありますが、介護事業所は小規模なところが多くて IT 化が進んでいないので、余計に事務作業などに手間がかかっているという面もあります。

先日、久しぶりに叔父の施設へ行ったのですが、機械を使う浴槽の設備や、ベッドマットの下に設置するバイタルセンサーなどが導入されていたんです。スタッフの肉体的な負担や、記録する手間が軽減されてすごくいいと思いました。そうやって、効率を上げていくということですよね。

そうですね。ただ、介護業界は働いている人の平均年齢が高いので、新しいシステムやテクノロジーの導入が難しい点もあるようです。

もっと、若い人たちに介護業界に関心を持ってもらいたいと思っています。夢のひとつが、わたしが介護に出会った頃の年齢の子どもたちに、介護の楽しさを伝えることなんです。

介護サービスの利用を親が嫌がったら、 どうする?

一方で、実際に介護保険の申請をする、要介護認定の訪問を受ける、介護サービスを利用するのを、嫌がる親はまだまだ多いようです。

介護に対して、かつてのネガティブなイメージが強い人が多いんでしょうね。また、自分に介護は必要ないと思っている親にとっては、知らない人ばかりのデイサービスへ行くとか、自宅へ他人であるヘルパーさんが訪問介護に来るなどは抵抗があって当然かもしれませんね。

ほとんどの人は、自分のことになると「私はいいよ」になっちゃうんですよ。介護サービスを必要とするくらい、自分の活動レベルが下がってしまっていると認めたくないプライドみたいなものもあって。

運転免許証の返納と同じで、これまで当たり前にやってきたことが、できなくなってしまったことを認めたくないんですよね。

でも、子どもとしては心配ですし、早めに介護サービスを利用して安全に暮らして欲しいなと思いますよ。

気持ちはわかりますが、ご本人が納得しないと難しいですね。その代わり、小さなトラブルを見逃さないことです。家の中で転んだ、車体に何か擦った跡がある、といったことをきっかけに、デイサービスの利用をすすめるのもひとつの手ですよ。

確かに。最近はデイサービスのレクリエーションの内容も多彩で、運動機能の向上を中心にしているところもありますもんね。

自宅にヘルパーさんを頼むときも、別居の場合は介護休業制度を利用して、訪問介護をはじめる最初の数週間程度、実家に滞在するのもいいでしょう。子どもが一緒にいてくれたら、他人が来ることへの不安も小さくなるはずです。

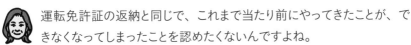

介護のツボは「手を出し過ぎない」こと

同居ではない、ましてや遠距離に住む親が体調を崩したり入院したりすると「これからは毎月帰ってくるよ」などと、ついつい耳触りがいいことを言っちゃいがちだと聞きます。

そうなんです。同居していないことに罪悪感があるからか、ふろしきを広げがちです。とはいえ、退院後など具合が悪い期間は緊張感があるから子どもも頑張れるのですが、落ち着いてくると時間的にも経済的にも大変になってきます。ちょっとずつ訪ねる間隔が空くと「冷たくなった」などと言われたりして……。

言われる子どものほうもつらいですけど、親も楽しみにしてますから、かわいそうでもあるんですよね。

毎月行くのが大変だと思ったら、2〜3カ月後のカレンダーに丸を付けて「次はこの日に来るね」と言ってしまうのもいいかもしれません。そうすれば親も「次はこの日」と理解してくれます。とにかく、がんばり過ぎないことを常に頭の片隅に置いておいて欲しいですね。

特に同居していない家族の場合は、どこまで手を出したらいいのか迷いがちです。家事などを自分ですることが生きる活力になっている親から、それを取り上げてしまうのは違うと思うから、親が自分でできることはやって欲しいし……。

ラクをさせてあげようと思うのではなく、できる喜びを感じるためのサポートをすると考えたらいいのではないでしょうか。

なるほど！　親の人格は、いつまでも尊重してあげたいですもんね。

あれこれ起きてもいないことを心配する人もいるのですが、どんなに考えても状態は人それぞれ。認知症になったら、徘徊するようになったら、寝たきりになったら……と、心配するだけでも疲れますから、コトが起きたときにスムーズに対応できるよう、情報収集をしておくだけでいいと思います。こればかりは、考えてもどうなるかわかりませんから。

「心の声」は口に出して相談しよう

 そういう介護のグチって、友達にもなかなか話せませんよね。

 介護の経験がある人って、話してみると意外にいるんですよ。ただ、介護サービスの内容はどんどん変わっていますし、地域によっても異なる部分がありますから、情報としては参考にならないことも多いです。

 そもそもの家族関係などを知っている友達や親せきは、むしろ意見が合わずに結構めんどうだったりしますし。かといって、ケアマネジャーさんにグチをだらだら話すのはご迷惑かなとも思っちゃいます。

 プロには話していいと思いますよ。「こういうことで困っている」「こんなときはどうしたらいい」といった、相談という形にして話をすれば、「何とかしましょう！」とプランを考えてくれるはずです。

 なるほど！　「必要のないサービスを導入された」なんて言う人もいますから、ケアマネジャーからの新サービス提案は難しいのかもしれませんね。むしろ困ったらなんでもグチではなく、家族からの相談という形にしてコミュニケーションを取ればいいんですね。

 ケアマネさんなどはそういうことには慣れっこで、別に驚かれないです。困ったことや、悩むことがあったらわかってくれそうな身内や友達にグチをこぼすのもOKです。でも、もっと建設的にケアマネジャーや主治医などの医療関係者、地域包括支援センターなど、プロにも相談してみてくださいね。

キーワード INDEX

安藤 なつ(メイプル超合金)

1981年1月31日生まれ。東京都出身。2012年に相方カズレーザーと「メイプル超合金」を結成。ツッコミ担当。2015年M-1グランプリ決勝進出後、バラエティを中心に女優としても活躍中。介護職に携わっていた年数はボランティアも含めると約20年。ヘルパー2級(介護職員初任者研修)の資格を持つ。2023年介護福祉士の国家試験に合格。厚生労働省の補助事業『GO!GO!KAI-GOプロジェクト』の副団長を務める。

太田 差惠子(介護・暮らしジャーナリスト)

京都市生まれ。1993年頃より老親介護の現場を取材。「遠距離介護」「高齢者施設」「仕事と介護の両立」などをテーマに執筆や講演を行っている。AFP(日本FP協会認定)資格を持ち、「介護とお金」についても詳しい。「Yahoo!ニュース エキスパート」オーサーなどでも活躍中。『親が倒れた!親の入院・介護ですぐやること・考えること・お金のこと第3版』(翔泳社)など著書多数。

知っトク介護
弱った親と自分を守る お金とおトクなサービス超入門 第2版

2024年7月12日 初版発行

著 安藤 なつ(メイプル超合金)、太田 差惠子

発行者 山下 直久

発行 株式会社KADOKAWA
〒102-8177 東京都千代田区富士見2-13-3
電話 0570-002-301(ナビダイヤル)

印刷所 TOPPANクロレ株式会社
製本所 TOPPANクロレ株式会社